혁신, 성장과
함께한 10년

혁신, 성장과 함께한 10년

인지중학교 교육가족 지음

| 여는 글 |

면소재지의 작은 중학교인 우리 학교는 지난 10년간 충남형 혁신학교로서 '민주적 학교문화 조성', '배움중심 수업실현', '학생자치 활성화', '지역사회와 연계된 교육과정 운영'을 핵심 과제로 삼아 학교혁신의 다양한 모델을 실천해왔습니다.

혁신학교의 걸음은 언제나 쉽지만은 않았지만, 그 길은 학생·교사·학부모 모두에게 새로운 가능성과 성장을 선물해 주었습니다.

민주적 협의 문화와 회복적 생활교육을 통해 민주주의는 개념에만 머무르는 것이 아니라, 매일의 학교생활 속에서 서로 소통하며 존중하는 작은 실천에서 시작된다는 것을 배웠습니다.

전문적 학습공동체를 중심으로 교사들은 함께 배우고 연구하며 수업을 바꾸어 갔습니다. 학생 한명 한명을 중심으로 한 수업은 학생들이 자신감을 회복하고 역량을 증진시킬 수 있도록 도왔습니다.

학생 주도의 동아리와 학생회 활동은 학생 스스로 기획하고 실행하며 경험을 통해 성장하는 장이 되었습니다. 학생들은 자신들의 목소리가 학교의 변화를 이끌어낼 수 있다는 자긍심을 품게 되었습니다.

그리고 마을과 함께하는 프로젝트 수업과 주제 통합 교육과정은 교실에만 머무는 배움이 아닌 삶 속에서 이웃과 함께하는 배움의 귀중함을 가르쳐 주었고 작은 학교의 한계를 넘어서는 값진 성취였습니다.

돌아보면, 지난 10년간의 혁신은 우리 모두가 함께 살아가는 방식을 바꾼 일이었고, 지속 가능한 교육 생태계를 만들어 간 과정이었습니다. 그 속에서 학생은 자신의 가능성을 발견하고, 교사는 전문성을 더하며, 학부모와 지역사회는 교육의 진정한 동반자로 함께 걸어왔습니다.

앞으로도 우리 학교는 학생 한 사람 한 사람이 존중받고 배움의 기쁨이 살아 숨 쉬는 학교, 지역사회와 함께 성장하는 학교로 나아갈 것입니다.

지금까지 함께해 주신 모든 분들께 감사의 마음을 전합니다.

2025년 11월

인지중학교 교장 원종덕

_차례

004 여는 글 | 원종덕

1부 혁신 인지?!
013 혁신학교의 하루, 웃음으로 물들다 | 김영일
017 사진, 삶의 지도를 그리다 | 조선희
026 교사와 학생이 함께 만든 존중과 감사의 한 주간 | 김태화
028 꼬마 시인들의 탄생: 중학교 1학년 시쓰기 수업 이야기 | 김지영
034 사제동행 문화예술 자율동아리 활동 보고서 | 오현경
044 함께 성장하는 학교, 함께 나아가는 교육 | 안지연
053 혁신, 성장과 함께한 시간 | 안지연
057 텃밭에서 피어나는 배움, 함께 자라는 우리 | 박은혜
061 함께 걷는 평가의 길 | 김란희
065 또래의 힘으로 피어나는 행복: 더불어 배우는 학교 이야기 | 서동조
067 학생이 주인이 된 학교, 그 놀라운 순간들 | 이보라
070 우리들의 꿈, 함께 키워가는 길 | 현지현
075 혁신학교에서 행복장학 교실, 타바타 운동 수업의 의미 | 신하철
078 수업 공개의 날, 직소 활동으로 영어 수업하기 | 김명현

2부 우리 인지!

- 083 혁신학교란 무엇인가? | 서장욱
- 086 코로나19와 함께 혁신학교 교감의 길을 걸으며 | 김영곤
- 089 함께 만든 학교, 함께 웃은 2년 | 이정춘
- 096 더불어 자라고 어울려 배우는 희망 날갯짓 | 김성미
- 101 행복한 피로감 | 김선이
- 105 나의 혁신학교 이야기 | 박종우
- 107 혁신학교에서 수업 혁신을 이루다 | 김연미
- 113 학부모의 교육활동 참여, 공동체 문화 형성을 통한 혁신학교, 함께 그려 나가다 | 윤시열
- 116 혁신학교의 운영 시작, 민주적 협의 문화의 문을 열다 | 윤시열
- 119 변화하는 사회 속에서 미래 진로 역량을 키우는 교육 | 김민승
- 122 속도보다 방향이 중요했던 시간에 대한 회고 | 김하람
- 125 인지중학교 학생 자치 문화 경험기 | 정미경
- 129 잊지 못할 나의 인지중 | 김노은

131 　함께였기에 특별했던 중학교 시절 | 이채율
134 　그리운 인지중의 날들 | 이영준
137 　중학교의 기억, 고등학교 끝자락에서 돌아보다 | 김정훈
140 　그 3년이 나를 더 단단하게 하였다 | 전유리
143 　나를 키운 학교, 인지중학교 | 유다현
145 　수학여행에서 생일파티까지, 나의 인지중 추억 | 유준용
148 　다채로운 기억들, 그리고 나만의 졸업 이야기 | 현시은
151 　중학교에서 만난 특별한 순간들 | 유다연
155 　나를 만든 시간들 | 김나경
157 　나의 인지중학교 | 박성희

3부 함께, 인지!

163 　함께 그린 벽화, 마음에 남은 그림 | 이은아
166 　나의 혁신학교, 어울림 캠프 | 원지혜
169 　떴다! 푸드트럭! | 정미연

171	체육 대회, 그 특별한 하루	최수미
174	시 쓰기 수업 활동 후 배움 성장 소감문	김은혜, 최소현, 박연서
179	2025년 학생회장으로서의 다짐	장은찬
182	사제동행 문화예술 동아리 활동 소감문	유승미
184	사제동행 문화예술 동아리 활동 소감문	남궁하은
186	인지 별별 상상 마을 학교 활동기	김지원
188	인지 별별 상상 마을 학교 체험기	맹다윤
191	부모님이 선생님이 된 날	남건희
195	3박4일 수학여행 이야기	강예린
199	하이! 상하이!	이민서

* 표지 · 본문 일러스트: 인지중 미술부

❝ 함께 성장하는 학교, 함께 나아가는 교육 ❞

인지교육공동체는
교사들의 자발성과 전문성을 바탕으로 한
민주적 협의와 공동실천을 통해,
교육과정 중심의 학교문화를 정착시키고,
수업혁신을 실현하며,
학생중심 창의·인성교육을 실현하는 데
중점을 두고 있다.

혁신학교의 하루, 웃음으로 물들다

교감 김영일

(2025.03.01.~현재)

아침에 출근하는 것이 즐겁다.
교직생활을 하며 오랜만에 느껴보는 따뜻한 설렘이다.
늘 시간에 맞춰 숨가쁘게 도착하던 예전과는 달리, 혁신학교에서의 나는 가장 먼저 교무실 문을 연다.

창문을 활짝 열고 선생님들을 위한 커피 내리기를 시작한다.
곱게 갈린 원두에서는 향긋한 내음이 퍼지고, 포트의 물이 끓어오를 즈음, 하나둘 선생님들이 들어오신다.
"좋은 아침입니다."
따뜻한 커피와 인사말로 하루를 시작한다.

이제 교문으로 향할 시간이다.
자전거를 타고 등교하는 아이들, 그 옆에 가지런히 놓인 안전모.
등교시간이 다가오면 아이들은 숨을 몰아쉬며 달려오고.

그 와중에도 눈을 마주치며 환한 얼굴로 인사한다.
표정에 담긴 "지각하지 않겠어요!" 라는 의지가 귀엽고도 대견하다.
스스로 규칙을 지키는 아이들이 참 고맙다.

이제 나도 내 하루를 시작한다.
교무실을 나서며 교실을 둘러본다.
복도 창문이 시원하게 열려 있다. 아이들이 스스로 연 것이다.
특별실 창문은 내가 조심스레 연다.
맑고 상쾌한 바람이 학교 구석구석을 채운다. 바람속엔 아이들의 숨결과 웃음이 함께 실려 있다.

창밖으로는 아이들의 움직임이 보이고, 저 멀리선 선생님의 수업 시작을 알리는 목소리가 들려온다.
혁신학교의 하루가 이렇게 시작된다.

쉬는 시간이 되면 아이들이 교무실로 하나둘 모여든다.
어제 봤던 아이가 오늘도 찾아온다.
궁금한 걸 물어보는 아이도, 친절하게 답해주는 선생님도 모두 웃고 있다.
그 모습을 보며 나도 따라 웃는다.

복도를 지나가다 보면 아이들이 배꼽에 손을 얹고 고개를 숙이며 인사한다.

"안녕하세요!" 밝고 맑은 목소리로 건네는 인사.
나도 미소로 답한다. 그 짧은 순간 아이들의 순진함이 느껴진다.

기다리던 점심시간, 식판을 들고 설레는 마음으로 줄을 선다.
식당 안은 조용하지만, 고개를 돌려보면 자리가 꽉 차 있다.
저 멀리서 들려오는 웃음소리에 오늘도 밥이 참 맛있었음을 느낀다.
창밖 운동장에는 공을 차는 아이, 산책하는 아이, 그네 타는 아이, 꽃을 바라보는 아이들까지.
하나하나가 사랑스럽고 흐뭇하다.
그러다 어느새 운동장은 다시 고요해진다. 예비종이 울렸나 보다.

하교 시간이 다가온다.
나는 아침에 열어둔 창문을 닫으러 교무실을 나선다.
교실에서는 여전히 수업이 이어진다.
가끔 창문 너머로 아이와 눈이 마주치면, 내가 먼저 웃어준다. 미소가 아이의 마음에도 닿기를 바라며.

밖은 시끌벅적하다.
아이들은 크고 밝은 목소리로 웃고 떠들며 집으로 향한다.
하루가 고단했겠지만, 그 속엔 분명 즐거움이 있었다는 걸 아이들의 얼굴이 말해준다.
그렇게 하루가 흘러간다.
힘들지만, 행복했던 하루.

고단하지만, 웃음이 머무는 하루.

이곳에는 분명 웃음의 샘이 있다.
선생님도, 아이들도, 서로의 얼굴에 웃음을 머금은 채 생활한다.
다들 즐거워 보인다.
혁신학교 10년.
그 시간은 모두를 웃음 짓게 했고, 지금도 여전히 행복을 만들어가고 있다.

사진, 삶의 지도를 그리다
'사진첩 자서전' 만들기 활동 보고서

교사 조선희

(2022.03.01~2025.08.31.)

1. 활동 개요

본 보고서는 3학년 국어 수업에서 '자기 성찰·계발 역량'을 주된 핵심 활동으로 진행한 '사진첩 자서전 쓰기'의 전반적인 과정과 이를 통해 도출된 학생들의 성과를 심층적으로 분석하고 정리한 것이다. 이 활동은 단순히 글쓰기 능력을 함양하는 것을 넘어, 학생들이 자신의 삶을 주체적으로 탐색하고 과거의 경험 속에서 배움과 성찰의 의미를 찾아내도록 돕는 데 주안점을 두었다. 급변하는 사회 속에서 자신을 이해하고 정체성을 확립하는 것이 더욱 중요해지는 시점에서, 본 활동은 학생들이 자신에게 큰 영향을 미쳤던 사건들을 사진이라는 시각적 매개체와 함께 돌아보며 현재의 자신을 이해하고 미래를 설계하는 데 필요한 내면의 힘을 기르는 데 기여하고자 하였다. 이는 궁극적으로 학생들의 자기 이해 증진, 정서적 안정감 확보, 그리고 긍정적인 자아 개념 형성에 긍정적인 영향을 미칠 것으로 기대되었다.

2. 활동 과정

가. 사진 선정 및 고민 과정

활동의 첫 단계는 학생들에게 '자신에게 가장 큰 영향을 미쳤던 사건'을 담은 사진을 선정해 오도록 안내하는 것이었다. 단순히 즐거운 추억이 담긴 사진이 아니라, 자신의 가치관이나 태도에 변화를 가져왔거나 중요한 깨달음을 주었던 순간을 포착한 사진을 찾아보도록 강조했다. 학생들이 각자 디지털 사진 파일을 펼쳐놓고 사진을 고르는 모습은 사뭇 진지했다. 사진첩 속에서 특별하거나 다른 이들에게는 없는 경험을 찾으려 하지 말고, 일상의 모습에서 자신의 생각을 더할 수 있는 '과거의 나'를 찾도록 도움말을 덧붙였다.

"선생님, 이 사진이 저에게 큰 영향을 준 것 같긴 한데, 정확히 왜 그런지 모르겠어요."라는 솔직한 질문도 나왔다. 학생들은 때로는 사진 한 장을 보며 그날의 날씨, 냄새, 심지어는 함께 있었던 사람들의 목소리까지 생생하게 떠올리는 듯했다. 나는 아이들에게 '그 사진을 보았을 때 어떤 감정이 드는지', '그때의 경험이 지금의 나에게 어떤 영향을 주었는지'와 같은 질문들을 던지며 단순한 기억을 넘어선 깊은 성찰로 이끌었다. 몇몇 학생들은 친구들과 서로의 사진을 보여 주며 이야기를 나누기도 했는데, 이때 다른 친구의 시선이 자신의 경험을 새롭게 해석하는 데 도움을 주기도 했다. 이처럼 사진 선정 과정은 단순히 이미지를 고르는

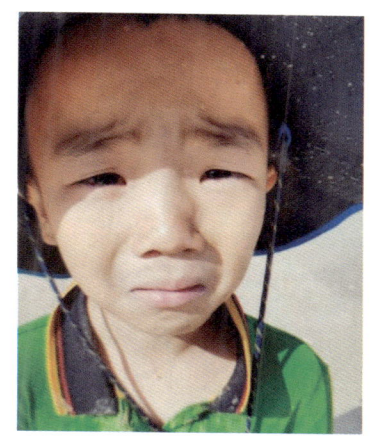

⟨3학년, 과거의 나⟩

행위를 넘어, 자신의 삶을 되짚어보고 의미를 부여하는 첫 번째이자 가장 중요한 성찰의 과정이었다. 이 단계에서 학생들은 자신의 내면과 마주하며, 잊고 지냈던 감정이나 사건의 진정한 의미를 재발견하는 소중한 시간을 가졌다.

나. 자서전 작성 및 성찰

선정된 사진을 바탕으로 학생들은 본격적으로 자서전을 작성하기 시작했다. 자서전의 내용은 크게 세 가지 요소에 초점을 맞추도록 안내했다.

1) 사진 속 당시의 상황과 자신의 감정
2) 그 경험이 자신에게 미친 구체적인 영향
3) 그를 통해 현재의 자신이 얻은 배움이나 깨달음

글쓰기 과정에서 학생들은 과거의 자신과 대화하며, 미처 깨닫지 못했던 감정의 흐름이나 사건의 숨겨진 의미를 발견하는 경우가 많았다. 어떤 학생은 "그때는 그냥 힘들었는데, 지금 생각해보니 그 덕분에 더 단단해진 것 같아요."라고 고백하며 자신의 성장을 인지하기도 했다. 나는 학생들이 단순히 사건을 나열하는 것을 넘어, **'그래서 무엇을 배웠는가?'**, **'이 경험이 지금의 나를 어떻게 만들었는가?'**와 같은 질문을 스스로에게 던지도록 유도했다. 글쓰기 초고를 완성한 후에는 친구들과 서로의 글을 읽어주고 피드백을 주고받는 시간을 가졌다. 이는 자신의 이야기를 객관적으로 바라보고, 타인의 시선을 통해 새로운 관점을 얻는 데 도움이 되었다. 또한, 다른 친구들의 진솔한 이야기에 공감하며 서로의 삶을 이해하고 존중하는 태도를 기를 수 있었다. 이러한 과정을 통해 학생들은 자신의 경험을 체계적으로 정리하고, 그 속에서 긍정적인 배움과 성장의 의미를 찾아내는 시간을 가졌다.

3. 활동을 통한 주요 성과

'사진첩 자서전 쓰기' 활동을 통해 학생들은 다음과 같은 다층적인 성찰과 유의미한 변화를 경험했다.

가. 과거 경험을 통한 깊이 있는 깨달음

많은 학생들이 잊고 지냈던 과거의 사건들이 현재의 자신을 형성하는 데 결정적인 역할을 했음을 깨달았다. 특히 어려움을 극복했던 경험이 자신을 더욱 성장시켰음을 인지하고, 이를 통해 미래의 역경에 대한 긍정적인 태도를 갖게 되었다.

나. 감정 표현 능력 향상 및 관계의 소중함 인식

자신의 복합적인 감정을 글로 섬세하게 표현하는 방법을 배우고, 주변 사람들과의 관계가 자신의 삶에 얼마나 큰 영향을 미치는지 깨달으며 이를 더욱 소중히 여기게 되었다.

다. 역경 극복 의지 및 회복 탄력성 증진

어려웠던 순간을 돌아보며 좌절하지 않고 다시 일어서는 마음가짐을 다졌다. 이는 학생들이 미래에 마주할 수 있는 어려움에 대해 더욱 긍정적이고 능동적으로 대처할 수 있는 기반을 마련해 주었다.

라. 학생들의 글쓰기 사례

1) 사례: 내가 만든 아버지의 생신 케이크

한 학생은 아버지 생신에 직접 케이크를 만들어드린 사진을 선택하며, "서툰 솜씨로 만든 케이크였지만, 아버지께서 너무 행복해하시는 모습을 보며 말로 다 표현할 수 없는 큰 기쁨을 느꼈다. 이 작은 행동이 주변 사람들에게 내 마음을 전달하는 기쁨과 그로 인해 얻는 행복이 얼마나 큰지 깨닫는 계기가 되었다."라고 표현했다. 이는 타인에게 진심을 전하는 행위의 가치와 그로 인한 상호작용의 중요성을 깨닫는 계기가 되었다.

2) 사례: 첫눈 내리는 날 친구들과 뛰노는 모습

유독 친하게 지내는 친구들과 첫눈을 맞았던 날의 사진을 통해, "갑작

스럽게 내린 첫눈 아래에서 친구들과 함께 웃고 떠들던 순간은 그 어떤 것보다 소중했다. 이 첫눈은 친구들과의 관계를 더욱 끈끈하게 만들고, 우리가 함께하는 시간이 얼마나 소중한지 다시금 깨닫게 한 매개체였다. 첫눈에 대한 고마움은 곧 친구들에 대한 고마움으로 이어졌다."라고 작성하며 우정의 깊이와 소중함을 다시금 되새겼다.

3) 사례: 길 잃은 강아지의 눈망울

또 다른 학생은 비 오는 날 길을 잃은 강아지를 발견하고 집까지 데려다주었던 사진을 선택하며, "처음에는 무섭고 귀찮았지만, 강아지의 불안한 눈빛을 보며 외면할 수 없었다. 작은 생명에게 도움을 주었을 때 느꼈던 뿌듯함과 책임감은 나에게 타인의 어려움에 공감하고 손을 내미는 용기를 가르쳐주었다."라고 서술하며 타인에 대한 공감 능력과 책임감의 성장을 보여주었다.

4) 사례: 비바람에 꺾여버린 우산

바람이 심하게 불어 우산이 꺾이고 뒤집혔던 경험을 담은 사진을 통해, "우산이 꺾이는 순간은 마치 내 마음이 꺾이는 것 같았다. 하지만 빗속에서 우산을 다시 펴려 애쓰고 결국 집까지 걸어왔을 때, 나는 꺾인 우산보다 꺾이지 않는 마음을 배웠다. 어떤 어려움이 닥쳐도 포기하지 않고 나아갈 수 있다는 자신감을 얻었다"고 작성하여 역경 속에서도 긍정적인 태도를 유지하고 회복 탄력성을 체득했음을 보여주었다.

5) 사례: 첫 시험 실패와 재도전

첫 학기 중간고사에서 예상보다 낮은 점수를 받아 크게 실망했던 순간을 담은 사진을 선택한 학생은 "그때의 좌절감은 나를 한없이 작게 만들었다. 하지만 그 실패를 통해 나는 공부 방법을 되돌아보고, 부족한 부분을 채우기 위해 더 노력하는 법을 배웠다. 실패는 끝이 아니라 더 나은 시작을 위한 과정임을 깨달았다"고 고백하며, 실패를 성장의 발판으로 삼는 긍정적인 변화를 보여주었다.

마. 우수한 표현 공유하기

"어릴 적 넘어지고 울던 나를 일으켜 세워주던 엄마의 손. 그 손은 이제 내가 누군가를 일으켜 세울 힘이 되었다." 이 표현은 단순한 기억을 넘어선 깊은 은유와 성찰을 담고 있다. 과거의 보살핌이 현재

타인을 돕는 힘으로 이어지는 과정을 아름답게 그려내어, 가족의 사랑이 개인의 성장에 미치는 지대한 영향을 효과적으로 전달한다.

"낡은 피아노 앞에서 처음으로 서툴게 연주하던 나. 그 서툰 음들이 지금의 나를 음악의 길로 이끌었다." 이 문장은 꿈의 시작점을 서툴지만 순수한 이미지로 표현하여 읽는 이에게 강한 인상을 남긴다. 과거의 작은 시작이 현재의 열정과 진로로 이어지는 과정을 시적으로 묘사하여, 꿈을 향한 여정의 소중함을 강조한다.

4. 결론 및 제언

'사진첩 자서전 쓰기' 활동은 학생들이 자신의 삶을 주체적으로 탐색하고, 과거의 경험을 통해 현재의 자신을 성찰하며, 미래를 위한 긍정적인 동기를 부여받는 데 매우 효과적인 교육적 도구임을 입증하였다. 본 활동은 단순한 글쓰기 능력 향상을 넘어, 자기 이해 증진, 정서적 안정감 확보, 공감 능력 함양, 그리고 회복 탄력성 증진 등 학생들의 전인적인 성장을 도모하는 데 크게 기여했다.

향후 이러한 성찰적 글쓰기 활동을 더욱 발전시키기 위해 다음과 같은 제언을 하고자 한다. 첫째, 활동 결과물을 디지털 아카이브로 구축하여 학생들이 자신의 성장을 시각적으로 확인할 수 있도록 지원하고, 장기적인 관점에서 자신의 삶을 기록하고 성찰하는 습관을 형성하도록 유도할 수 있다. 둘째, 학생들의 자서전 중 우수작을 선정하여 교내 전시회나 발표회를 개최함으로써, 학생들에게 성취감을 부여하고 다른 학생들에게도 긍정적인 영향을 미칠 수 있는 기회를 마련할 수 있다. **셋째, 타 과목과의 연계**(예: 역사 수업에서의 개인사 탐구, 미술 수업에서의 자화상 그리기 등)를 통해 활동의 깊이와 폭을 확장하는 방안을 모색할 필요가 있다. 이러한 지속적인 지원과 발전적인 시도를 통해 학생들이 건강한 자아를 형성하고 삶의 의미를 찾아가는 데 필요한 역량을 함양할 수 있을 것으로 기대한다.

교사와 학생이 함께 만든 존중과 감사의 한 주간

교사 김태화

(2022.3.1 ~ 2025. 현재)

    충남혁신학교로 10년째의 길을 걷고 있는 인지중학교에서, 교육활동 보호 주간은 단지 정해진 행사 이상의 의미로 다가왔다. 스승의 날을 중심으로 한 주간 동안, 교사와 학생이 서로를 존중하고 이해하는 학교문화의 진정한 가치를 함께 확인하는 시간이 되었기 때문이다.

    5월 12일, 교육활동 보호 주간의 첫 시작은 학생회 학생들의 바쁜 손길로 열렸다. 학생회는 미리 준비한 붉은색, 분홍색 색종이와 리본, 종이꽃 줄기를 손에 들고 하나하나 정성스레 카네이션을 만들었다. 이 작은 꽃은 단순한 만들기 활동을 넘어, 아이들이 교사에게 전하고 싶은 감사의 마음을 고스란히 담고 있었다. 그리고 다음 날 아침, 전교생이 함께한 등굣길 캠페인과 더불어 '롤링페이퍼 쓰기'가 시작되었다. 학생들은 등굣길에 배부된 카드에 짧은 메시지를 담아 선생님들께 전하는 따뜻한 한마디를 적었다. "항상 감사합니다", "덕분에 학교생활이 즐거워요"라는 글귀 하나하나에 담긴 진심은 선생님들의 얼굴에 미소를 머금게 했다.

이날, 교문 앞에는 선생님들을 향한 존중과 감사의 마음이 눈에 보이듯 흘렀다. 더 특별했던 순간은 전교 학생회장과 부회장이 직접 만든 카네이션과 롤링페이퍼를 들고 비담임 선생님들께, 그리고 교장·교감 선생님께 감사 인사를 드리며 돌아다녔던 장면이었다. 정중한 인사와 함께 찍은 사진 속에는 학생들과 선생님 모두의 따뜻한 웃음이 담겨 있었고, 그 훈훈한 분위기는 하루 종일 학교 전체에 퍼져나갔다.

또 하나의 즐거운 기억은 충청남도교육청에서 진행한 '스승의 날 기념 행사 후기 이벤트'에 참여했던 3학년 1반의 이야기다. 담임선생님을 향한 감사의 마음을 모아 영상과 글, 사진을 정성껏 준비한 이 학급은 전교생과 선생님들의 응원 속에 당당히 당첨의 기쁨을 안았다. 그리고 피자 8판을 함께 나누며, 아이들은 단순한 이벤트를 넘어 교사와 학생 사이의 진심 어린 관계를 다시금 느낄 수 있었다.

이처럼 2025년의 교육활동 보호 주간은 형식적인 행사가 아닌, '존중과 배려'가 살아있는 살아있는 공동체 문화의 실천이었다. 교사의 교육활동이 존중받을 때, 학생의 학습권도 자연스럽게 보호된다는 인식이 학교 구성원 모두에게 스며든 한 주간이었다. 앞으로도 인지중학교는 교사와 학생이 함께 만들어가는 따뜻한 학교문화를 계속 이어가려 한다. 교육이 살아 숨 쉬는 공간, 그 중심에 존중이 있다는 믿음을 가지고.

꼬마 시인들의 탄생:
중학교 1학년 시쓰기 수업 이야기

교사 김지영

(2024.3.1.~2025.현재)

중학교 1학년 학생들과 함께한 시쓰기 수업은 단순한 창작 활동을 넘어, 감정과 생각을 언어로 표현하며 스스로를 돌아보고 타인의 마음에 귀 기울이는 소중한 시간이었다. 아이들은 처음엔 낯설어했지만, 어느새 자신의 말로 세상을 담아내는 '꼬마 시인'이 되어 있었다. 이 글은 시 이론 수업에서부터 청소년 시집 감상, 창작 시 완성과 발표까지의 전 과정을 기록한 것이다. 무엇보다도 학생들이 어떻게 배워가고, 어떤 변화를 겪었는지를 중심으로 풀어보고자 한다.

1. 시와의 첫 만남: 이론을 통해 시를 알아가다

수업의 첫 시작은 '시란 무엇인가'라는 질문에서부터 출발했다. 대부분의 아이들에게 시는 시험에 나오는 교과서 속 글일 뿐, 현실과는 동떨어진 것으로 인식되고 있었다. "시는 어려워요", "답이 없잖아요"라고 말하는 아이들이 많았다. 그래서 첫 시간에는 시의 기본 개념과 특징, 특히 운율과 비유라는 시의 핵심 요소에 대해 함께 이야기했다. 운율이란 무엇이고, 비유는 왜 사용되는지, 그것이 시를 어떻게 특별하게 만드는지를 차분히 설명하며, 시는 '느낌을 표현하는 특별한 말하기'라는 점을 강조했다.

교과서에 실린 시들을 함께 읽으며 자연스럽게 이론을 확인해보았다. 시 속에 숨어 있는 반복, 리듬, 은유와 직유 등을 하나씩 찾아보며 아이들은 시가 단순한 문장이 아니라 '소리와 이미지로 느끼는 말'이라는 사실을 조금씩 이해하기 시작했다. 이론이 단단한 기반이 되자, 아이들의 눈빛이 달라졌다. 감상할 줄 알아야 창작도 할 수 있다는 말이 자연스럽게 이어졌다.

2. 청소년 시집 읽기: 시와 친해지는 시간

교과서 외에도 더 다양한 시의 세계를 경험할 필요가 있었다. 대부분의 아이들은 시집을 온전히 읽어본 경험이 없었다. 그래서 시쓰기 수업의 한 시간은 '청소년 시집 읽기'에 할애했다. 선택한 시집은 청소년의 삶과 정서를 잘 담아낸 쉽고 재미있는 시들로 구성된 책이었다. 한 시간 동안 조용히 시를 읽게 하자, 아이들은 처음엔 낯설어하더니 이내 집중하기 시작했다. 어떤 아이는 웃고, 어떤 아이는 슬프다고 말했다. 감정을 건드리는 시 한 편이 아이들 마음속에 들어가기 시작한 것이다.

"선생님, 이 시 진짜 공감돼요.", "이 시 쓴 시인은 나랑 비슷한 생각을 했나 봐요." 이런 반응들이 나올 때마다, 시가 더 이상 어려운 글이 아니라 '마음을 나누는 말'이라는 사실을 깨달아갔다. 시를 읽고 느낌을 나누는 활동은 아이들의 감수성을 자극했고, 창작을 위한 감정의 씨앗이 되었다.

3. 직접 시를 써보다: 창의성과 솔직함의 발견

본격적인 창작 활동에 들어가자, 처음엔 모두 막막해했다. "무슨 말을 써야 할지 모르겠어요.", "시를 어떻게 써요?"라는 질문이 쏟아졌다. 하지만 '무조건 멋진 시를 써야 한다'는 부담은 내려놓자고 했다. 오히려 자신이 느낀 것, 하고 싶은 말, 마음속 풍경을 솔직하게 표현하면 그것이 곧 시가 된다고 강조했다. 아이들은 '이야기하듯 써보기'부터 시작했다.

주제는 자유롭게 정하도록 했고, 연필을 쥔 손끝에서 저마다의 시가 피어났다. 누군가는 반려동물에 대한 사랑을, 누군가는 부모님에 대한 마음을, 또 다른 누군가는 친구와의 갈등과 화해를 시로 담았다. 쓰기 시작하자 아이들의 창의력은 놀라웠다. 반복과 비유를 스스로 사용하며 운율을 만들어내는 아이들도 있었고, 독특한 시어를 구사하며 분위기를 표현한 아이도 있었다.

4. 고쳐쓰기와 시화 만들기: 나만의 시 완성

시를 한 번 쓰고 끝내는 것이 아니라, 여러 번 읽어보고 스스로 고치는 '퇴고' 활동을 진행했다. 시의 핵심을 더 잘 드러내기 위해 문장을 바꾸기도 하고, 지나치게 직접적인 표현을 은유로 바꾸기도 했다. 친구들끼리 시를 나누고 서로 피드백을 주는 활동도 병행하면서, 글을 다듬는 과정의 즐거움과 중요성을 자연스럽게 경험하게 했다.

그 후, 아이들은 자신이 완성한 시에 어울리는 그림을 그려 넣었다. '시화' 활동은 시의 분위기를 시각적으로 표현하는 활동이었고, 언어로 담지 못한 감정을 색과 선으로 보완할 수 있는 기회였다. 시화는 아이들의 창작 시를 더욱 특별하게 만들었고, 교실은 다채로운 감성과 이미지로 물들었다.

5. 발표의 시간: 자신 있게 말하는 나의 시

마지막 시간에는 '개인 창작 시 발표회'를 열었다. 아이들은 자신이 쓴 시를 친구들 앞에서 낭독했고, 그 순간마다 교실은 조용해졌다. 평소 발표를 어려워하던 아이들도 자신의 시만큼은 담담하게, 혹은 당차게 읽어 내려갔다. 시 낭송은 단순한 발표가 아니라 자기 마음을 말로 표현하는 연습이었고, 자신을 드러내는 용기의 시간이었다.

"이 시는 친구와 다툰 날 쓴 거예요.", "이 시는 엄마가 아플 때 느낀 마음이에요." 아이들은 시에 담긴 사연까지 진심을 담아 들려주었다. 친구들의 눈빛도 달라졌다. 서로의 이야기를 들으며 공감하고 응원하는 분위기가 자연스럽게 형성되었다. 아이들 스스로도 "내가 시를 쓸 줄 몰랐는데…", "내 마음이 이렇게 깊은 줄 몰랐어요."라고 말했다.

6. 배움과 성장: 꼬마 시인들의 변화

발표 수업이 끝난 뒤에는 시쓰기 수업에서 어떤 배움과 성장이 있었는지 되돌아보는 시간을 가졌다. 아이들은 다음과 같은 말을 남겼다.

- "감정을 글로 쓰는 게 재밌었어요. 화날 때도, 기쁠 때도 쓸 수 있어서 좋았어요."
- "친구들의 시를 들으면서 서로를 더 이해할 수 있었어요."
- "시를 쓰면서 나에 대해 많이 알게 됐어요."
- "처음엔 어렵다고 생각했는데, 그냥 내 마음을 써보니 자연스럽게 시가 됐어요."

이러한 말들에서 학생들이 얼마나 시와 가까워졌는지, 또 시를 통해 얼마나 성장했는지를 확인할 수 있었다. 글쓰기 능력뿐 아니라 자기 표현력, 공감 능력, 창의력이 함께 자라난 것이었다.

7. 맺으며: 시는 여전히 살아 있고, 청소년과 함께 숨 쉰다

이번 시쓰기 수업은 단순한 글쓰기 시간이 아니었다. 아이들은 언어를 통해 자기 마음을 표현하고, 타인의 마음을 이해하는 방법을 배웠다. 시는 여전히 유효한 예술이며, 청소년의 삶에 스며들 수 있는 따뜻한 언어임을 확인하는 수업이었다.

  45명의 중학교 1학년 꼬마 시인들은 이제 시와 더 가까운 사람들이 되었다. 언젠가 마음이 복잡할 때, 누군가에게 마음을 전하고 싶을 때, 그들은 다시 시를 꺼내 들 것이다. 그리고 오늘, 그 첫걸음을 함께한 이 시간이 오래도록 기억되기를 바란다.

사제동행 문화예술 자율동아리 활동 보고서
— 예술과 함께한 성장의 시간

교무행정사 오현경

(2024.3.1.~2025.현재)

올해 우리 학교에서는 학생들의 정서적 안정과 학교생활 적응력 향상을 도모하기 위한 새로운 시도로 '사제동행 문화예술 자율동아리'를 구성하여 운영하였다. 특히 교육취약계층 학생들을 포함해 문화예술 체험 기회가 상대적으로 부족한 학생들에게 예술의 즐거움과 성취감을 제공함으로써, 보다 행복한 학교생활과 학력 향상의 계기를 마련하고자 하였다.

'사제동행'이라는 이름 그대로, 이 동아리는 단지 교사가 지도하고 학생이 따라가는 형태의 일방적인 활동이 아니라, 교사와 학생이 함께 참여하며 예술 활동을 통해 서로 소통하고 관계를 맺는 데에 큰 초점을 맞췄다. 서로의 이야기를 듣고, 응원하며, 함께 결과물을 만들어내는 과정 속에서 학생들은 관계의 따뜻함을 체험하였고, 그 안에서 자신감을 얻고 정서적으로 한층 더 안정된 모습을 보이게 되었다.

동아리 활동은 총 4회에 걸쳐 진행되었으며, 매 회차마다 창의적이면서도 손으로 직접 만들 수 있는 공예 체험 중심으로 구성되었다. 여기에 자연과의 교감, 감성의 공유, 그리고 실생활에서 활용 가능한 결과물 제작이라는 요소를 더해, 학생들이 보다 적극적으로 참여할 수 있는 환경을 조성하였다.

첫 번째 활동 – 은공예 체험: 나만의 은 목걸이 만들기

처음으로 진행된 은공예 체험 활동은 학생들에게 가장 생소하면서도 흥미로운 시간이었다. 평소 금속 재료를 다룰 일이 거의 없는 중학생들에게 은이라는 재료는 신기함 그 자체였다. 전문 강사의 지도 아래, 학생들은 얇은 은판을 자신이 원하는 도안대로 잘라내고, 망치로 두드리며 형태를 잡고, 마지막으로 구슬을 달아 목걸이를 완성하는 과정을 거쳤다.

작업 도중 "이게 진짜 은이에요?"라며 놀라는 학생들도 있었고, 디자인에 자신이 없어 고민하던 학생은 "선생님, 이걸 이렇게 둥글게 만들면 어때요?"라며 교사에게 조언을 구하기도 했다. 교사들은 각자의 자리에서 학생 한 명 한 명의 손을 살펴보며 도와주었고, 그런 소소한 소통 속에서 자연스럽게 웃음이 피어났다.

한 학생은 "제가 직접 만든 목걸이를 엄마한테 선물했더니 너무 좋아하시더라고요. 제가 만든 걸로 누군가를 기쁘게 할 수 있다는 게 신기했어요"라며 소감을 전했다. 작업을 마친 후 학생들은 서로의 목걸이를 보며 칭찬을 아끼지 않았고, 함께한 그 시간 자체가 하나의 예술처럼 기억되었다.

교사들도 학생들과 함께 자신만의 화분을 만들며 아이들과 식물 이야기를 나누었고, 이후에도 교실에서 각자의 화분을 관리하며 소소한 일상을 공유하게 되었다. 화분 만들기는 단순한 체험을 넘어 정서적 안정과 지속적인 관심을 유도하는 매개체가 되었다.

두 번째 활동 – 가죽공예 체험: 이니셜 가죽 필통 만들기

두 번째로 진행된 활동은 가죽공예 체험이었다. 실제 가죽을 재단하고 바느질을 통해 나만의 필통을 만드는 이 활동은 학생들에게 실용성과 성취감을 동시에 선사했다. 특히 자신만의 이니셜을 새길 수 있다는 점에서 학생들의 흥미를 끌었다.

처음에는 가죽이라는 재료가 낯설고 도구 사용이 어려워 다소 긴장한

모습이었지만, 교사의 지도와 도움으로 차츰 손에 익기 시작했다. 어떤 학생은 이니셜을 새기며 "이거 내 이름 첫 글자에요. 이건 평생 간직할 거에요"라며 웃었고, 또 다른 학생은 친구와 이니셜을 맞추어 '우정 필통'을 만드는 아이디어를 실현해 큰 웃음을 자아냈다.

활동 후, 학생들은 자신의 필통을 교실에 가져와 필기도구를 담았고, 누군가가 관심을 가지면 자랑스럽게 설명했다. 이 과정에서 학생들은 단순한 만들기를 넘어 '내가 직접 만든 것에 대한 애착'을 가지게 되었고, 그로 인해 자신감도 높아졌다.

세 번째 활동 – 도자기 체험: 나만의 접시 컵 제작하기

무더운 7월, 학생들과 교사들은 함께 도자기 공방을 찾았다. 차가운 흙을 만지며 도자기 제작을 체험하는 이번 활동은 손끝에서부터 시작되는 예술의 세계로 학생들을 초대하는 시간이었다.

학생들은 각자 자신이 만들고 싶은 접시와 컵의 디자인을 구상하고, 흙을 주물러가며 형태를 잡아나갔다. 한 학생은 "처음에는 흙이 차갑고 딱딱해서 당황했는데, 계속 만지다 보니 손에 익고 재미있었어요"라며 활짝 웃었다. 흙을 다듬고, 돌림판에 올려 천천히 모양을 잡아가는 과정은 마치 자신의 생각을 눈앞에서 구현해가는 것과도 같았다.

도자기 위에 각자 이름을 새기거나 간단한 그림을 그리기도 했다. 어떤 학생은 "제가 만든 컵이 완성되면 엄마랑 아빠랑 같이 커피 마실 거예요"라며 기대에 찬 표정을 지었다.

작품이 완성되기까지는 2주가 소요되었다. 굽는 과정에서 예상치 못한 갈라짐이 생기기도 했지만, 그 또한 '내가 만든 작품만의 특별한 흔적'으로 받아들이며 학생들은 각자의 작품을 소중히 포장해갔다. 활동 후 교사와 학생들은 서로의 작품을 감상하며, 그동안의 과정을 돌아보고, 느낀 점을 나누는 시간을 가졌다.

네 번째 활동 –
전주 한옥마을 체험: '한복 입고 떠나는 시간여행'

10월, 단풍이 물들기 시작한 가을, 학생들과 교사들은 전주 한옥마을로 특별한 체험 여행을 떠났다. 평소와는 다른 복장, 낯선 풍경 속에서의 하루는 학생들에게 새로운 세계를 만나는 설렘을 안겨주었다.

① 한복 체험 – 전통의 멋을 입다

한옥마을에 도착한 학생들은 한복 대여점에서 각자 자신의 취향에 맞는 한복을 골랐다. 고운 한복을 입고 거울 앞에 선 학생들은 저마다 환한 웃음을 지어 보였다. "제가 입은 한복이 공주님 옷 같아요!"라며 들뜬 학생도 있었고, "평소에 입던 옷이랑 완전히 달라서 신기해요"라며 한복의 매력을 느끼는 학생도 있었다.

　한복을 입고 한옥마을 골목을 걸으며 친구들과 사진을 찍고, 역사 해설사와 함께 전주의 전통문화를 배워가는 시간은 학생들에게 색다른 추억이 되었다. 특히 '한지 공예 체험관'에서는 전통 한지로 나만의 책갈피를 만들어보기도 했다.

　② 수제 초코파이 만들기 – 달콤한 손길로 완성한 나만의 간식

　다음으로 향한 곳은 수제 초코파이 공방이었다. 학생들은 밀가루 반죽을 손으로 직접 빚고, 초콜릿과 마시멜로우를 넣어 자신만의 초코파이를 만들었다. 한 학생은 "초코파이가 이렇게 힘들게 만들어지는 줄 몰랐어요. 사 먹을 때는 그냥 먹었는데, 이제는 하나하나 정성 들여 만들고 싶어

요"라고 말했다.

  학생들이 만든 초코파이는 예쁘게 포장되어 부모님께 선물로 전달되었다. 초코파이를 포장하며 친구들과 서로의 작품을 비교하며 웃는 모습은 마치 작은 베이커리에서 일하는 셰프들 같았다.

③ 전주콩나물 국밥 시식 - 전주의 맛을 담다

  점심 시간에는 전주의 대표적인 전통 음식인 돌솥비빔밥을 함께 먹었다. 따뜻한 비빔밥 한 숟가락을 떠먹으며 학생들은 "이 맛이 전주의 맛인가 봐요"라며 연신 감탄을 쏟아냈다. 비빔밥의 본 고장에서 전통 음식의 맛을 직접 느끼며, 지역 음식 문화에 대한 관심도 자연스레 높아졌다.

④ 한옥마을 둘러보기 – 시간 속으로의 산책

점심 식사 후에는 자유롭게 한옥마을을 돌아보는 시간을 가졌다. 학생들은 골목골목을 누비며 전통 가옥의 아름다움을 감상하고, 한옥의 구조와 역사적 의미에 대해 배웠다. 교사들은 학생들과 함께 각 가옥 앞에서 포즈를 취하며 기념사진을 찍고, 한옥의 창호와 기와의 미적 요소를 설명하기도 했다.

"여기가 진짜 조선 시대 같아요!"라며 눈을 반짝이는 학생들의 모습 속에서, 전통 문화 체험이 단순한 놀이가 아닌 시간여행과도 같은 교육적 체험으로 다가왔음을 느낄 수 있었다.

활동을 마치며 – 함께 만든 성장의 시간

4회에 걸친 사제동행 문화예술 동아리 활동은 학생들에게 단순한 예술 체험 그 이상의 의미로 다가왔다. 교사와의 관계, 친구와의 관계, 그리고 무엇보다 자기 자신과의 관계에서 긍정적인 변화를 경험하게 되었다. 활동에 참여한 많은 학생들이 "학교에 오는 게 재미있어졌어요" "이런 시간이 더 많았으면 좋겠어요" "내가 잘하는 게 있다는 걸 처음 알았어요" 등의 반응을 보이며 큰 만족감을 표현했다.

또한 교사들 역시 "아이들과의 관계가 훨씬 가까워졌어요. 교실 밖에서의 시간이 교실 안의 분위기까지 바꿨어요"라고 말하며 이번 활동의 의미를 되새겼다.

예술은 사람을 연결한다. 이번 사제동행 문화예술 동아리를 통해 우리는 예술이라는 매개를 통해 서로를 이해하고 지지하며, 함께 웃고 성장하는 경험을 할 수 있었다. 앞으로도 이와 같은 활동이 지속되어 더 많은 학생들이 따뜻한 관계 속에서 자신의 가능성을 발견할 수 있기를 바란다.

함께 성장하는 학교, 함께 나아가는 교육
― 인지교육공동체 운영 보고

교사 안지연

(2024.3.1.~2025.현재)

1. 들어가며 ― 함께 배움의 가치를 실현하는 학교

오늘날 교육의 방향은 단순한 지식 전달을 넘어, 협력과 소통 속에서 공동체 모두가 성장하는 데 초점이 맞춰지고 있다. 그 중심에는 교사들이 서로 배우고, 나누고, 함께 성장하는 '학습공동체'가 있다. 우리 학교는 이러한 시대적 흐름에 발맞추어 매주 수요일을 '인지교육공동체의 날'로 지정하여 운영하고 있다.

인지교육공동체는 교사들의 자발성과 전문성을 바탕으로 한 민주적 협의와 공동실천을 통해, 교육과정 중심의 학교문화를 정착시키고, 수업혁신을 실현하며, 학생중심 창의·인성교육을 실현하는 데 중점을 두고 있다. 단순한 회의나 행정 절차를 위한 시간으로 머무는 것이 아니라, 학교 구성원 전체가 서로를 존중하고 신뢰하며, 실제 수업 개선과 교육철학의 공유로 이어지는 배움의 시간이 되고 있다.

2. 인지교육공동체의 구성과 운영 방식

인지교육공동체는 매월 1주는 '민주적 협의공동체', 2주와 3주는 '전문적 학습공동체'로 운영된다. 3주는 학교 교육과정과 학사일정을 고려하여 두 공동체 중 필요한 형태로 유연하게 선택하여 진행된다. 이러한 체계적인 운영은 연중 지속적인 학습과 협의를 가능하게 하며, 학교 전반에 공동체 기반 문화가 뿌리내리도록 돕는다.

① 민주적 협의공동체는 자발적 참여와 책무성에 기반한 모임으로, 학교 운영 전반에 대한 의견을 자유롭게 제시하고 조율하는 공간이다. 인지 교육공동체 전부가 참여하여 교육과정과 학교운영, 정책과 실천에 대해 활발히 토론한다. 권위나 지시 중심이 아니라 구성원 간의 상호 존중 속에서 이루어지는 이 협의공동체는, 학교 안에서의 '민주주의 실천의 장'이기도 하다.

② 전문적 학습공동체는 학년, 교과, 업무, 주제 등 다양한 형태로 조직된 구성원들이 '함께 수업을 연구하고, 함께 실천하며, 함께 성장하는 것'을 핵심 목표로 한다. 각 공동체는 교사들이 스스로 선택한 관심 분야나 교육적 과제를 중심으로 자율적으로 조직되며, 공개수업, 연수, 수업 나눔, 수업자료 개발 등 실제적인 교육활동을 함께 진행한다.

3. 전문적 학습공동체의 분과 활동
- 자율성과 전문성이 만나는 지점

우리 학교에서는 다양한 이름과 주제를 가진 분과들이 활동하고 있다. 교사 개인의 관심사와 교육적 문제의식을 반영한 이 분과들은 학교 안에 생기와 열정을 불어넣고, 각기 다른 전문성을 키워가는 성장의 플랫폼이 되고 있다.

1) 땀방울 공동체 - 친환경 소품으로 실천하는 생태교육

'땀방울' 공동체는 친환경적 삶과 생태교육을 실천하기 위한 소품 만들기를 중심으로 운영된다. 교사들은 폐자재를 활용한 연필꽂이, 천연 수세미, 에코백, 양초 만들기 등을 함께하며 생태 감수성을 키우는 활동을 연구하고, 이를 학생 수업이나 창의적 체험활동과 연계하기도 한다.

이들은 단순한 만들기 활동을 넘어서, 환경교육의 실천적 모델을 교실에 가져오는 데 앞장서고 있다. 실제로 몇몇 교사는 창의적 체험활동 시간에 학생들과 함께 생태소품 만들기를 진행하며, 환경문제에 대한 인식을 높이고 공동체적 삶에 대한 이해를 심화시켰다.

2) 이지티처토크 - 원어민과 함께하는 영어 회화로 세계를 여는 창

'이지티처토크'는 영어에 자신 없는 교사들을 위한 영어회화 분과이다. 원어민 강사와 함께하는 쉽고 재미있는 실용 회화를 통해 교사들이 언어에 대한 두려움을 줄이고, 다양한 문화적 시각을 확장하도록 돕고 있다.

영어 수업을 담당하지 않더라도, 교사들은 국제 교류, 다문화교육, 여

행, 영화 등의 주제를 중심으로 자연스럽게 영어를 익히고, 이를 일상이나 수업에 녹여낸다. "학생들에게 영어로 간단한 인사를 하게 되었다" "영화에서 듣던 표현을 직접 써보니 재미있다"는 교사들의 반응은 자신감의 시작을 보여준다. 영어를 '배워야 할 대상'이 아닌 '함께 나누는 언어'로 인식하게 되는 변화는 교육의 외연을 확장시킨다.

3) 온마음 공동체 - 교사와 학생의 마음을 연결하는 성장의 장

'온마음'은 이름 그대로 '마음'을 중심에 둔 공동체다. **교사와 학생, 교사 간의 관계에서 발생하는 정서적 문제, 소통의 방식, 감정 관리, 성장 상담 등을 주제로 교사들이 마음을 나누는 공간**이다.

최근에는 감정 코칭, 비폭력 대화, 회복적 생활교육, 셀프케어 워크숍 등을 진행하며, 단지 수업 기술이 아닌 교사의 '삶의 온도'를 높이는 활동

에 집중하고 있다. 특히 코로나19 이후 학생들의 심리·정서 지원이 강조되면서 이 분과의 역할은 더욱 중요해졌다.

한 교사는 "수업의 질은 교사의 삶의 질과 연결되어 있다는 걸 체감했다. 이 모임은 내가 선생님으로 오래 남고 싶게 만드는 힘이 있다"고 소회를 밝혔다.

4) 도서출판 인지 – 기록과 책으로 남기는 혁신의 시간

'도서출판 인지'는 우리 학교의 지난 10년간의 혁신교육의 기록을 정리하고 출판하는 과정을 통해 교육의 성찰과 확산을 도모하는 공동체이다. 이들은 혁신학교로서의 발자취를 담은 글을 모으고, 독서교육 활성화 방안에 대한 실천사례를 연구하며, 교육자료집 제작에도 힘쓰고 있다.

단지 책을 출판하는 것이 아니라, '우리는 왜 이렇게 가르치고 있는가'를 돌아보는 교육적 성찰의 과정으로서 의미를 가진다. 나아가 이 기록들은 후속 교사들에게 학교의 교육철학과 실천을 전하는 지침서가 되며, 타 학교와의 네트워크 형성에도 기여하게 될 것이라 믿는다.

4. 수업 나눔과 연수
   – 함께 배우고 성장하는 수업혁신의 문화

전문적 학습공동체는 단지 소모임 활동으로 끝나지 않는다. 매 학기 1~2회 이상 공개수업과 수업 나눔을 통해 교사들이 서로의 수업을 참관

하고, 함께 피드백하며, 개선점을 찾는 수업연구의 장을 운영하고 있다.

공개수업 후에는 연수나 워크숍을 통해 수업 철학, 교수 전략, 학생 반응 등에 대해 심도 깊은 논의를 나눈다. 이러한 문화는 수업을 '개인의 영역'이 아니라 '공동체의 성장 매개체'로 인식하게 하며, 교사들의 전문성과 동료성이 함께 자라도록 한다.

또한 교사 대상 연수는 교사들 스스로가 강사가 되어 진행하는 경우도 많아, 현장 경험이 살아 있는 생생한 연수가 되고 있다. 이는 교사의 자긍심을 높이고, 실천적 지혜를 나누는 공동체로 학교가 성장하는 데 중요한 동력이 된다.

5. 인지교육공동체가 만들어내는 학교문화의 변화

인지교육공동체는 단순히 교사 몇 명의 열정적인 활동에 머물지 않는다. 이제는 학교문화 전반에 영향을 미치는 중심축이 되었다. 무엇보다 중요한 변화는 '협력과 존중'의 문화가 학교에 스며들었다는 점이다.

과거에는 개인이 교실에서 고립된 채 수업을 준비했다면, 이제는 동료들과 함께 고민하고, 함께 실천하며, 실패도 나누는 공동체적 기반이 생겼다. 교사들은 수업 이야기, 학생 이야기, 삶의 이야기를 공유하며 서로를 지지하고 응원한다.

이러한 문화는 학생 교육에도 영향을 미친다. 교사들이 협력하는 모습을 본 학생들은 자연스럽게 상호 존중과 협력의 가치를 배우게 되며, 수업의 질과 만족도 역시 높아지는 선순환이 형성된다.

6. 나아가며 – 집단지성으로 만드는 미래학교

우리 학교의 인지교육공동체는 '집단지성'이라는 말의 진정한 의미를 실현하고 있다. 구성원 개개인의 전문성과 열정이 모여, 학교라는 유기체를 살아 움직이게 하고, 교육혁신의 흐름 속에서 방향을 제시한다.

앞으로도 우리는 민주적 협의공동체를 통해 학교 운영의 자율성과 책임성을 강화하고, 전문적 학습공동체를 통해 교사들의 교육 전문성을 높이며, 그 결과로 학생 중심의 창의·인성교육을 실현하는 학교를 만들어 갈 것이다.

인지교육공동체는 '함께 배우고, 함께 성장하며, 함께 미래를 만들어가는 교육'을 실현하는 길이다. 그 길 위에 우리 모두가 동행하고 있다.

혁신, 성장과 함께한 시간

교사 안지연

(2024.3.1.~2025.현재)

    2024년 3월, 새로운 학교와 새로운 아이들을 만나러 인지중학교 교문을 들어섰다. 혁신학교 10년의 역사를 품게 될 이곳에서 교사로서 새로운 여정을 시작한다는 사실은 설레면서도 어깨를 무겁게 했다. 과연 나는 이 학교의 '혁신'이라는 이름에 걸맞은 교사가 될 수 있을까. 혁신학교 업무를 맡게 된 나는 무엇을, 어떻게 해내야 할까. 두려움이 앞선 첫 출근의 아침, 발걸음이 무겁게 느껴졌던 이유다.

    그러나 그 긴장감은 교문을 지나며 아이들과 나눈 짧은 인사 속에서 차츰 녹아내렸다. 학생들이 나를 단순히 가르치는 사람이 아니라 함께 하루를 시작하는 동행자로 바라보는 듯한 눈빛은 내 마음을 흔들었다. 그 순간, 교사의 역할은 가르침보다 '함께함'에 있다는 사실을 새삼 깨달았다. 출근길의 짧은 인사가 내게는 커다란 배움이자 성장이 되었다.

    수업에서도 배움은 이어졌다. 혁신학교의 수업은 교사가 중심이 아니라 학생이 주인공이었다. 나는 지식을 전하는 강사가 아니라, 아이들이 스스로 길을 찾을 수 있도록 곁에서 불빛을 밝혀 주는 조력자가 되어야 했다. 처음에는 걱정이 앞섰다. 자유로운 수업이 산만해지지는 않을까, 흐름이 깨지지는 않을까. 그러나 시간이 지날수록 아이들은 생각보다 훨씬 주도적이고 협력적이며, 깊이 있는 배움을 스스로 만들어 갈 수 있다는 것을 알게 되었다. 그들의 반짝이는 눈빛 속에서 나는 교사로서의 희망을 발견했다. 특히 '일상적 수업나눔'은 나를 단단히 성장시킨 소중한 경험이었다. 부담스러웠던 공개 수업이 이제는 서로를 응원하고 함께 배우는 기회의 장이 되었기 때문이다.

방과 후 교무실에 불이 꺼지지 않는 이유도 혁신학교의 힘이었다. 동료 교사들과의 협의와 토론은 때로는 치열했고, 때로는 웃음으로 채워졌다. 민주적 협의공동체, 전문적 학습공동체, 수업 재구성, 학생자치 지원, 지역사회 연계 활동까지… 끝없는 회의 속에서 나는 협력의 가치를 배웠다. 혼자서는 할 수 없는 일들이 서로 기대고 나누며 가능해지는 순간, 교사도 배움의 주인공이 된다는 것을 실감했다.

그리고 2025년, 혁신학교 10년의 여정을 마무리하며 나는 알게 되었다. 혁신은 학생들에게만 요구되는 변화가 아니라, 교사인 나 자신에게도 새로운 시선과 실천을 요구한다는 것을. 이제는 두렵기보다 설렌다. 아이들과 함께, 동료와 함께, 지역 사회와 함께 써 내려갈 새로운 이야기가 기다리고 있기 때문이다.

돌아보면 혁신학교에서의 일상은 나를 교사로서, 또 한 사람으로서 단단하게 키워 주었다. 교문 앞에서 나눈 웃음, 교실에서 아이들과 함께 만들어 낸 배움, 회의실에서 동료들과 설계한 작은 실천들이 모여 지금의 나를 성장시켰다. 혁신학교는 학생만 변화시키는 것이 아니라, 교사도 성

〈2024학년도, 그 좋았던 날 : 함께하는 교육과정평가회 · 생태체험연수〉

장하게 한다는 사실을 나는 몸소 경험했다.

  오늘도 나는 아이들을 맞이하며 하루를 시작한다. 어제보다 조금 더 열린 마음으로, 조금 더 단단해진 눈빛으로. 혁신학교가 걸어온 10년의 길 위에서, 나는 교사로서 나의 길을 새롭게 찾아가고 있다.

텃밭에서 피어나는 배움, 함께 자라는 우리
― 생태 텃밭을 통한 통합교육의 새로운 길

교사 박은혜

(2024.3.1.~2025.현재)

1. 시작하며

우리 학교는 혁신학교로서 학생 중심의 배움과 행복한 성장을 실천한 지 10년이 되었다. 그 과정 속에서 특수교육 또한 혁신의 방향성과 발맞추어, 학생의 삶에 기반한 교육, 공동체 속에서의 성장, 실천 중심의 배움을 지향해 왔다. 특히 특수교육 영역에서는 학교 텃밭인 '함께 자람 텃밭'(마을과 함께, 가정과 함께, 꿈과 함께 자라는 텃밭)을 중심으로 생태환경교육, 직업전환교육, 통합교육을 유기적으로 융합한 교육과정을 운영해 왔다.

이 과정에서 특수교육대상 학생들은 텃밭 활동을 통해 자연과 교감하며 생명의 순환을 체험하고, 자신의 역할을 수행하는 경험을 통해 자립의 기초 역량을 키우는 한편, 또래와의 협업을 통해 사회적 상호작용과 공동체 의식을 함양하는 교육적 성장을 경험하고 있다.

인지중 함께 자람 텃밭   함께 씨를 심고   텃밭을 가꾸어 가요

2. 텃밭, 배움의 공간이 되다

학교 정문 옆에 마련된 텃밭은 단순한 작물 재배 공간을 넘어, 학생들에게 삶의 감각을 일깨워주는 교육의 장이 되었다. 특수학급 학생들은 텃밭에서 씨를 뿌리고, 물을 주고, 작물이 자라는 과정을 함께 관찰하면서 자연의 순환을 몸으로 체득하였다. 이를 통해 생명의 소중함, 지속가능성의 가치, 책임감 등의 삶의 핵심 역량을 길러왔다. 이 활동은 교과와도 유기적으로 연결되며 국어, 과학, 기술가정, 미술, 진로 시간 등 다양한 수업의 확장으로 이어지고 있다.

텃밭 작물 수확   텃밭 작물 나눔   텃밭 작물을 활용한 요리활동

3. 직업전환교육의 실천

'함께 자람 텃밭' 활동은 단순한 체험을 넘어, 특수교육대상학생들의 직업전환교육으로도 연결된다. 학생들은 직접 키우고 수확한 채소를 손질하고 포장하여 가족, 친구들과 나눔의 경험을 통해 '일의 전 과정'을 이해하고 참여하는 기회를 가진다. 특히, 새 학기를 시작하는 봄부터 학기를 마무리하는 겨울까지 텃밭 식물의 종류와 배치를 생각하고 작업 분담을 계획하면서 책임감과 자립심을 키워나갔다. 이는 향후 사회 진출을 위한 중요한 기초 경험이 되고 있다.

4. 모두가 함께하는 통합교육

 텃밭은 특수학급 학생들만의 공간이 아니라, 전교생이 함께 어우러지는 통합의 장으로 운영되고 있다. 본교의 환경 동아리, 통합교육 동아리 학생들과 함께 텃밭에서 함께 씨앗을 심고, 가꾸며, 수확의 기쁨을 나누는 과정을 통해 자연스럽게 통합교육의 실천을 이어가고 있다. 이러한 함께하는 경험은 학생들 간의 벽을 허물고, 서로를 이해하는 계기가 되었으며, 더불어 살아가는 삶의 태도를 함양하고 공동체 속에서의 자신을 성찰하는 의미 있는 배움의 기회로 자리 잡았다.

5. 마무리하며

 혁신학교로서의 10년은 실천의 시간이었다. 그 속에서 특수교육 역시 단절되지 않고, 전체 교육 철학과 조화를 이루며 새로운 가능성을 만들어 왔다. 텃밭이라는 작은 공간에서 자라난 것은 단지 채소가 아니라, 함께 자란 우리 학생들의 마음, 관계, 그리고 배움이었다.
 앞으로도 지속가능한 생태교육과 의미 있는 직업교육, 모두가 함께 배우는 통합교육의 실천을 이어가며, 더 깊고 넓은 배움의 공동체를 만들어 갈 것이다.

함께 걷는 평가의 길

교사 김란희

(2024.3.1.~2025.현재)

　한 학기가 거의 끝나갈 무렵, 우리 교직원 모두는 쉼 없이 달려왔다. 여름 방학이 다가오기 전, 우리는 보령과 태안으로 1박 2일 교육과정 평가회를 계획했다. 우리가 걸어온 길을 돌아보고, 다음 발걸음을 더 단단히 딛기 위한 시간이었다.

　나는 이번 평가회 준비를 맡은 친목회 간사였다. 처음 맡은 역할이라 어깨는 무거웠고, 마음은 초조했다. 어떻게 하면 이 시간을 의미 있게, 또 즐겁게 만들 수 있을까. 친목회 회장님, 교무부장 선생님을 비롯한 여러 선생님들과 머리를 맞대어 회의하고 조율했다. 결국 우리가 내린 결론은 분명했다. 서로 편하게 이야기를 나누고, 좋은 아이디어를 공유하며, 가볍게 웃고 친밀감을 더하는 시간. 그것이 이 1박 2일이 가져야 할 가장 큰 의미였다.

　7월 11일, 마침내 평가회의 디데이가 밝았다. 점심 급식을 마친 뒤 학생들은 하교했고, 교정은 분주해졌다. 선생님들은 미처 마치지 못한 일을 서둘러 마무리하며 평가회 준비물을 함께 챙겼다. 나는 급식실 뒷정리가 제시간에 끝날지 걱정이었지만, 급식실 선생님들의 익숙한 손놀림 덕분에 지체 없이 출발할 수 있었다.

　버스 앞에서 기사님과 인사를 나누고, 모두 승차한 것을 확인한 뒤 버스는 늦지 않게 출발했다. 출발 직후 버스 안은 조용했다. 모두가 한 학기의 끝자락에서 잠시 숨을 고르는 듯했다. 하지만 그 고요는 오래가지 않았다. 회장님의 센스 넘치는 아이스브레이킹, "세상에서 가장 많이 팔린 책은?", "구취(입냄새 아님)의 뜻은?" 같은 소소한 퀴즈들이 이어졌고, 선생님들의 웃음이 하나둘 터져 나왔다. 어느새 버스는 웃음과 이야기로 가득 찼고, 우리 앞에 펼쳐질 1박 2일의 시간에 대한 설렘이 차창 밖 햇살처럼 따사롭게 번져갔다.

　사실 이번 여행 코스를 준비하는 데 있어 창의성이라고는 찾아보기 어려웠다. 이미 여러 선생님들이 익히 다녀온 코스이거나, 인근 학교에서도 흔히 선택하는 장소였다. 한여름 무더위로 야외활동이 제한되고, 당일치기로 참여하는 선생님들의 일정까지 고려하느라 '가까운 곳' 정도로만 정하였다.

　첫 일정인 죽도 상화원은 너무 더워서 많은 분들이 멋진 풍광을 온전히 즐기지 못하는 듯해 신경이 쓰였다. 다행히 회장님이 근처 족욕카페 일정을 추가해 주셔서, 선생님들은 그곳에서 바다를 바라보며 피로를 풀고 담소를 나눌 수 있었다. 나도 아로마 향이 감도는 뜨거운 물에 발을 담그자, 피로가 싹 풀렸다.

　족욕으로 몸과 마음을 채운 뒤, 우리는 대천해수욕장 근처 숙소로 이동해 짐을 풀고 저녁 식사를 했다. 저녁 식사 후에는 젊어지기 위한 몸부림으로, 팀을 나누어 'MZ 게임'을 했다. 10대 아이들을 이해하고 다가가기

위한 하드 트레이닝이기도 했다. 20대부터 60대까지, 한마음 한몸이 되어 열정적으로 게임에 임하는 선생님들의 모습을 보며 '이것이 바로 혁신이구나' 하는 생각이 들었다.

  나는 사실 혁신학교와 非혁신학교의 차이를 모르겠다. 이 여행도, 이 글도 어찌 보면 직장 생활 속 하나의 과제로 시작되었다. 하지만 돌아보면, 그 하루하루의 일상 속에서 우리는 웃고, 서로를 이해하며, 조금 더 가까워지는 법을 배워가고 있었다. 꼭 거창한 목표나 완벽한 프로그램이 아니어도 좋다. 소소한 틈에서 피어나는 웃음, 누구 하나 뒤처지지 않도록 챙기는 손길, 그런 순간들이야말로 이 여정의 가장 따뜻한 혁신이 아닐까.

  삶도 마찬가지다. 혼자보다는 함께 걷는 길이 더 멀리, 더 깊이 나아간

다는 걸 이번 여행을 통해 다시금 느낄 수 있었다. 평가회라는 이름 아래, 우리는 다시 사람을 보았고, 관계를 돌아보았으며, 다음 걸음을 위한 작은 다짐 하나씩을 가슴에 품었다.

    그리고 나는 오늘도, 어제보다 조금 더 사람을 향해 걷는다.

또래의 힘으로 피어나는 행복:
더불어 배우는 학교 이야기

교사 서동조

(2024.3.1.~2025.현재)

　우리 학교에는 특별한 아이들이 있다. 바로 솔리언 또래상담자들이다. 그들은 반짝이는 눈빛과 따뜻한 손길로 친구들의 이야기를 들어주고, 마음을 어루만지는 역할을 한다. 나 역시 그들과 함께하며 '또래의 힘'이 얼마나 크고 아름다운지 느낄 수 있었다. 우리는 〈마음, 봄〉이라는 주제로 네 가지 영역별 챌린지를 진행했다. 마음이 움트고, 꽃 피듯이 성장해가는 시간이었기에 그 이름이 더없이 잘 어울렸다.

　첫 번째 챌린지는 '나를 바라봄'이었다. 평소에는 나 자신을 인식하고 들여다보지 못했던 우리에게, 스스로에게 멋진 말을 건네보는 시간이었다. "나는 충분히 멋지고, 잘하고 있어" 등 처음에는 어색했지만 점점 마음 한구석이 따뜻해졌다. '내 마음을 먼저 돌보아야 다른 사람의 마음도 돌볼 수 있다'는 것을 배우게 된 순간이었다.

　두 번째는 '너와 마주봄'이었다. 친구의 장점을 찾아주고, 서로 다른 점을 인정하며 받아들이는 활동이었다. "너는 항상 웃어줘서 좋아", "다른 생각을 해도 이해하려는 네가 멋져" 같은 말을 주고받는 동안, 우리는 서로의 마음이 얼마나 소중하고 다채로운지 새삼 깨달았다. 함께 다름을 인정하고 존중하는 것은 서로를 더 가깝게 만드는 다리가 되었다.

세 번째 챌린지는 '우리 함께 해봄', 바로 '스트레스 타파' 활동이었다. 볼링 활동을 하며 모두가 모여 큰 소리로 외치기도 하고, 몸을 움직이며 웃음으로 스트레스를 날려보냈다. 고민과 걱정은 잠시 내려놓고, 함께 뛰고 웃는 그 순간만큼은 세상에서 가장 행복한 우리였다. 혼자였다면 힘들었을 일이지만, 함께하니 훨씬 더 가볍고 유쾌해졌다.

마지막으로 우리는 '위(Wee)로해 봄', '위로 약국'에 참여했다. 예쁜 봉투 속에 담긴 따뜻한 말 한마디가 진짜 약처럼 마음을 치유해주었다. "괜찮아, 충분히 잘하고 있어", "너는 혼자가 아니야"라는 메시지를 받는 친구들의 얼굴에는 잔잔한 미소가 피어났다. 위로의 힘은 생각보다 훨씬 크고, 오래도록 가슴에 남았다.

이 모든 활동을 마치고 돌아보니, 우리 모두가 한 뼘 더 자라 있었다. 함께 웃고, 울고, 격려하고, 다름을 이해하며 우리는 서로의 마음에 봄을 피웠다. 그 속에서 나는 깨달았다. 또래의 힘은 단순히 도움이 필요한 친구를 돕는 데서 그치지 않는다. 함께 배우고 성장하며 모두가 행복해지는 힘이라는 것을.

이제 나는 안다. 누군가의 옆에 있어 주는 것만으로도 큰 힘이 된다는 것을. 우리 학교, 그리고 우리 모두가 그렇게 서로의 봄이 되어주기를 바란다. 앞으로도 또래상담자들이 더 많은 마음을 꽃 피우는 사람이 되었으면 좋겠다.

학생이 주인이 된 학교, 그 놀라운 순간들

교사 이보라

(2024.3.1.~2025.현재)

처음 인지중학교의 학생자치 활동을 보고 크게 놀랐던 기억이 있습니다. 특히 7월에 진행되는 학생회장 선거 과정은 제가 이전에 경험했던 어느 학교보다도 체계적이고 학생 중심적이었습니다. 단순히 후보자가 연설만 하고 표를 받는 방식이 아니었습니다. 우리 학교는 학생회장 선거에 '후보자 토론회'가 필수로 포함되어 있습니다.

현직 학생회장이 직접 사회를 맡아 공정하게 토론을 진행하고, 각 후보는 다른 후보들이 던지는 날카로운 질문에 직접 답변을 합니다. 후보들은 자신의 공약뿐만 아니라 학교생활 전반에 대한 생각, 학생들이 겪는 문제에 대한 해결 방안을 진지하게 토론 속에서 풀어냅니다.

이런 과정을 통해 학생들은 누가 진정한 리더인지, 누구의 생각이 학생들을 위한 것인지 스스로 판단할 수 있었고, 교사로서 학생들이 이렇게 민주적이고 주도적으로 선거에 참여하는 모습에 큰 감동을 받았습니다.

또 하나 인상 깊었던 것은 1학기 활동을 미리 계획할 수 있도록 학생들에게 '배움일지'를 배부하는 것이었습니다. 나는 예전부터 방학 때 학습

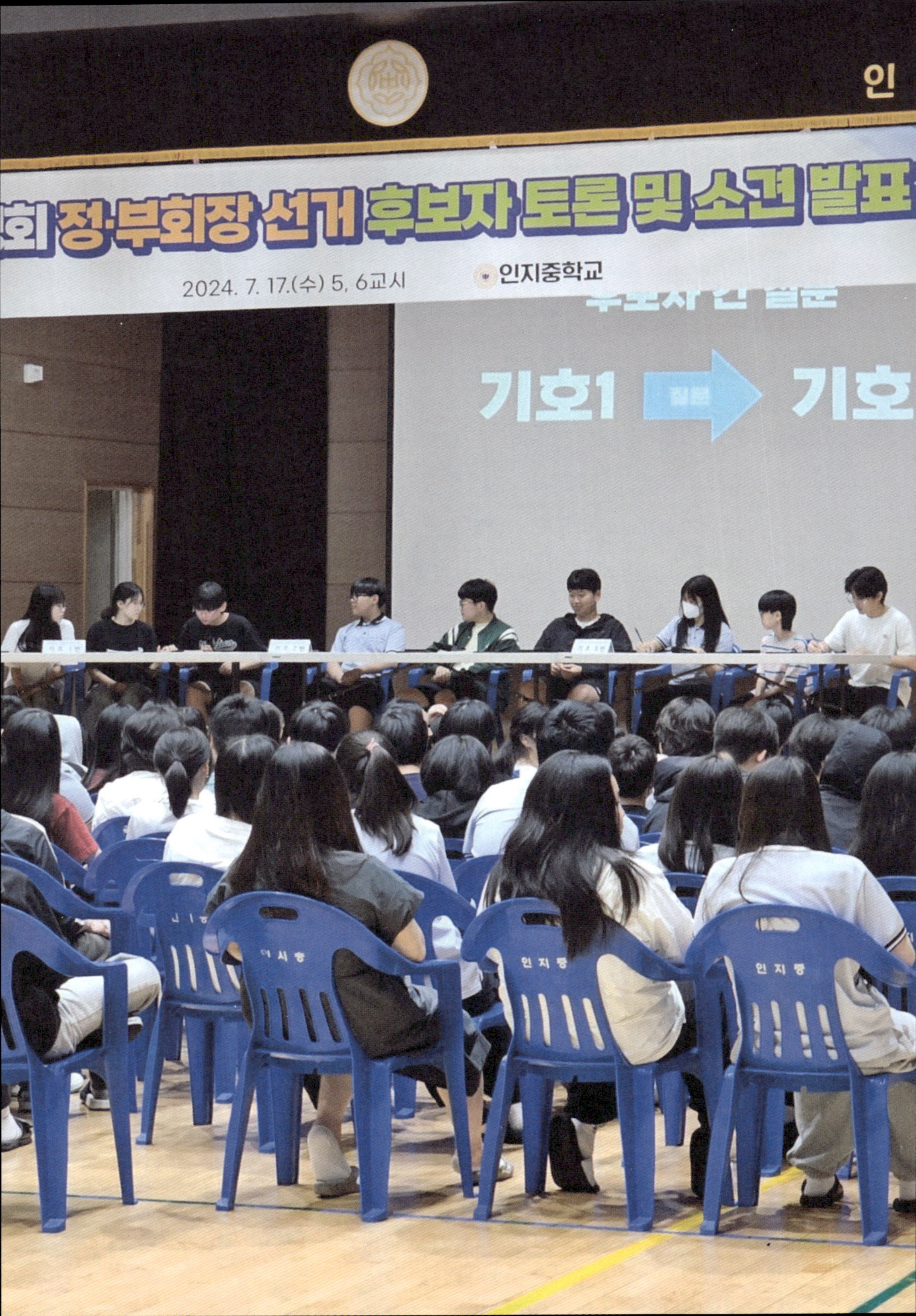

회장·부회장 선거 후보자 토론 및 소견 발표

2024. 7. 17.(수) 5, 6교시   인지중학교

기호1 ➡ 기호

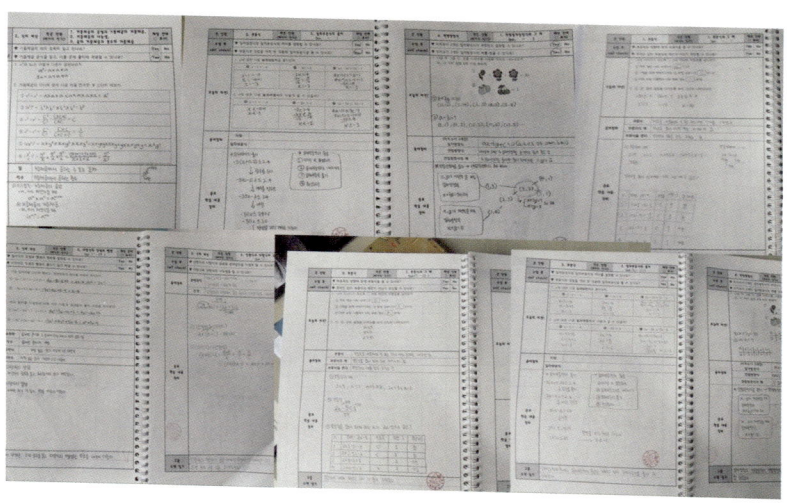

계획을 짜고 학습지를 만들어놓는 습관이 있었지만, 우리 학교처럼 학기 초에 배움일지를 제본해 학생들에게 제공하는 것은 처음 경험했습니다. 학생들은 배움일지에 자신이 어떤 과목에서 무엇을 배우게 될지 미리 살펴보고, 관심 있는 주제에 대해 미리 조사하거나 준비해 올 수 있었습니다. 덕분에 수업 시작부터 학생들의 몰입도가 달랐고, 수업 중에도 아이들이 배우는 내용과 자신의 학습 목표를 자연스럽게 연결하며 적극적으로 참여했습니다.

이 두 가지 경험을 통해 '학교 혁신'은 거창한 변화가 아니라 학생들을 믿고 주체적으로 설 수 있도록 돕는 작은 실천에서 시작된다는 것을 배웠습니다. 앞으로도 우리 학교가 학생의 목소리를 존중하고, 학생들이 스스로의 길을 설계해나갈 수 있도록 함께 고민하고 지원하고 싶습니다.

우리들의 꿈, 함께 키워가는 길

교사 현지현

(2025.3.1.~8.31.)

'두근두근…쿵쾅쿵쾅…'

올해로 교직에 들어선지도 20년도 더 지났는데 긴장되는 마음으로 맞이하게 된 2025학년도!

2025학년도는 내게 더욱 특별한 의미로 다가왔습니다. 올해 처음으로 진로교사로서 아이들을 만난다는 사실만으로도 마음이 두근거렸습니다. 낯설지만 설레는 출발선에 서서, '내가 아이들의 꿈과 진로를 어떻게 열어갈 수 있을까'라는 물음을 거듭 떠올렸습니다. 더구나 우리 학교가 혁신학교 10주년을 맞이하는 해이기에, 단순한 수업을 넘어 학생들의 성장 이야기를 함께 써 내려가야 한다는 책임감도 크게 다가왔습니다. 진로교육은 정답을 알려주는 공부가 아니라, 아이들이 자기 자신을 발견하고 스스로의 길을 그려가는 과정이라는 점에서 더욱 신중히 접근해야 했습니다. 그래서 첫 학기를 시작하며 '아이들이 진로를 즐겁고 따뜻하게 경험할 수 있도록 어떤 시간들을 만들어갈까'에 대한 수많은 고민을 하게 되었습니다.

진로교육은 단순히 직업을 찾는 과정이 아니라, 자신이 누구인지 이해하고 앞으로 어떤 길을 걸어가고 싶은지 탐색하는 과정이라고 생각합니다. 아이들이 스스로의 가능성을 발견하고, 때로는 작은 시도를 통해 자신감을 얻으며, 서로의 꿈을 존중하고 응원하는 경험이 바로 진로교육의 본질일 것입니다. 그래서 학생들이 진로를 따분하고 부담스러운 수업이기보다는 매번 즐겁고 따뜻하게 경험할 수 있는 기회를 마련하기 위해 여러 가지 수업방법이나 행사를 준비하고자 하였습니다.

올해 학교에서 처음으로 진로직업탐색주간을 마련하여 일주일 동안 교내 곳곳이 '진로 놀이터'가 되었습니다. 점심 시간마다 3층에 위치한 진로활동실에는 학생들이 진로직업 퀴즈활동을 위해 서로 답을 맞히며 웃음꽃을 피웠고, 1층 중앙현관과 3층 진로활동실에 마련된 포토존에서는 친구들과 함께 현재의 모습을 통한 '미래의 나'를 생각하며 사진을 찍어보기도 했습니다. 특히 스탬프 투어 활동은 학생들에게 큰 호응을 얻었습니다. 여러 진로 관련 활동을 하면서 스탬프를 모으는 과정은 놀이 같았지만, 그 속에서 아이들은 다양한 직업세계를 접하고 새로운 흥미를 발견했습니다. "선생님, 이렇게 재미있게 진로를 배울 수 있을 줄 몰랐어요!"라며 뛰어오던 학생의 얼굴은 아직도 내 마음에 남아 있습니다.

5월에는 3학년 학생들을 대상으로 충남교육청에서 주관하는 직업교육한마당 진로캠프 참여 기회가 있었습니다. 곧 고등학교 진학을 앞둔 학생들은 진로와 진학의 갈림길에서 많은 고민을 안고 있습니다. 직업계 고등학교의 다양한 학과와 프로그램을 직접 체험하면서, 학생들은 스스로의 진로 선택을 구체적으로 그려볼 수 있었습니다. 미용, 조리, 기계, 디자인, IT 등 각 분야의 부스를 돌며 직접 도구를 만지고 결과물을

만들어보는 과정은 그 어떤 설명보다 깊은 울림을 주었습니다. "선생님, 제 진로가 조금은 더 선명해진 것 같아요."라고 말하던 학생의 눈빛은 자신감과 설렘으로 가득 차 있었습니다.

또한 6월에는 1학년 학생들이 충남진로융합교육원을 방문하여 과학, 예술, 기술, 인문 등 여러 분야가 융합된 꿈디딤 진로융합프로그램을 직접 체험했습니다. 로봇 제작, 창의 융합 실험, 협업 프로젝트 등 활동 속에서 학생들은 평소 교실에서는 보지 못했던 서로의 새로운 모습을 발견했습니다. 조용하던 학생이 팀 활동에서 주도적으로 의견을 내고 친구들을 이끄는 모습을 보며, 진로교육이 단순한 체험이 아니라 학생들의 잠재력을 깨워주는 소중한 기회임을 실감했습니다.

교내에서는 진로교과와 연계하여 미래 꿈 명함 만들기 대회를 실시했습니다. 1학년과 3학년 학생들이 참여하여, 자신이 되고 싶은 미래의 모

습을 명함이라는 작은 공간에 담아냈습니다. 직업 이름뿐만 아니라, 자신이 지향하는 삶의 가치와 다짐을 함께 적어 내려가며 아이들은 '나의 미래'를 그려보았습니다. 완성된 명함을 친구들과 공유하면서 서로의 꿈을 이야기하고 응원하는 모습은 매우 인상 깊었습니다. "나는 이런 꿈을 꾸고 있어!"라고 당당하게 말하는 순간, 학생들의 눈은 반짝였고, 교사인 나 또한 가슴이 벅차올랐습니다. 명함 속 한 줄의 글씨가 언젠가 아이들의 삶 속에서 빛나는 길잡이가 되기를 진심으로 소망하게 되었습니다.

  돌아보면, 올 1학기는 학생과 교사 모두가 함께 성장한 시간이었습니다. 처음 진로교사로서 새로운 발걸음을 떼며 두려움도 있었지만, 학생들의 웃음, 몰입하는 눈빛, 진지한 고민 속에서 오히려 더 많은 배움을 얻었습니다. 혁신학교 10주년을 맞이한 지금, 진로교육이야말로 혁신의

정신과 가장 닮아 있다고 느낍니다. 학생 한 명, 한 명이 자신의 가능성을 발견하고 존중받으며, 스스로의 길을 만들어가는 과정이야말로 학교가 지향해야 할 진정한 혁신이기 때문입니다.

앞으로도 학생들에게 다양한 기회를 제공하여, 스스로 삶을 설계하고 꿈을 향해 도전할 수 있도록 돕고 싶습니다. 작은 활동 하나하나가 학생들의 마음에 씨앗이 되어, 훗날 꽃을 피우고 열매 맺기를 바랍니다.

우리들의 꿈, 함께 키워가는 길.

그 길 위에서 오늘도 아이들과 함께 걸어가며, 내일의 희망을 그려봅니다.

혁신학교에서 행복장학 교실, 타바타 운동 수업의 의미

교사 신하철

(2025.3.1.~현재)

　혁신학교가 걸어온 지난 10년은 '배움의 변화'를 향한 도전의 여정이었다. 교실의 풍경이 달라졌고, 수업의 중심에 학생이 서게 되었으며, 학교는 더 이상 지식 전달만의 공간이 아니라 삶을 배우고 성장을 경험하는 배움의 장으로 변모해 왔다. 그 과정 속에서 행복장학 교실은 학생들의 배움과 성장을 보여주는 중요한 사례로 자리매김했다. 특히 체육 교과에서 운영된 타바타 운동 수업은 혁신학교가 지향한 교육의 방향을 선명하게 드러낸 수업으로 기록될 만하다.

　타바타 운동은 20초 동안 고강도로 운동하고 10초간 휴식하는 방식의 짧고 강한 인터벌 트레이닝(HIIT)이다. 단순히 '힘든 운동'을 하는 데 그치지 않고, 학생들은 수업 속에서 운동의 원리와 효과를 이해하고, 자신만의 목표를 설정하며 끝까지 완수하는 경험을 하게 된다. 예컨대 어떤 학생은 '포기하지 않고 끝까지 하기'를 목표로, 또 다른 학생

은 '동작의 정확성을 지키기'를 목표로 정해 참여한다. 짧지만 강도 높은 운동을 통해 학생들은 자신의 체력을 점검하고 향상시킬 뿐만 아니라, 자기 관리 능력과 성취감을 동시에 맛본다.

  이 과정에서 무엇보다 중요한 것은 배움의 태도이다. 학생들은 함께 운동하며 서로의 동작을 점검해 주고, 격려와 응원을 나눈다. 혼자가 아니라 함께할 때 운동이 더 즐겁고 완수 가능하다는 것을 배우는 것이다. 이는 곧 체육 수업이 지향하는 협동성과 공동체성, 그리고 혁신학교가 추구하는 인성교육의 핵심 가치와 맞닿아 있다.

교사의 역할 또한 달라졌다. 단순히 기술을 가르치는 사람이 아니라, 학생이 자기 몸과 건강을 주체적으로 이해하고 관리할 수 있도록 돕는 조력자로서 자리한다. 학생 개개인의 체력 수준을 고려해 운동 강도를 조절하고, 안전한 참여를 안내하며, 운동 후에는 심박수 변화를 확인하며 건강에 대한 자각을 이끌어낸다. 이는 곧 자신의 몸을 존중하고, 스스로 건강을 책임지는 태도로 이어진다.

타바타 운동 수업을 통해 학생들이 얻는 가장 큰 배움은 '도전 속에서 성장을 경험하는 즐거움'이다. 짧지만 치열하게 몰입한 후 찾아오는 땀과 성취감은 단순한 체육 활동을 넘어, 삶에서 어려움에 부딪혔을 때 끝까지 포기하지 않고 나아가는 힘으로 확장된다. 이처럼 체육 수업은 지식 중심 교육에서 벗어나, 학생들의 삶과 직결되는 실천적 배움을 제공한다.

돌아보면, 혁신학교의 지난 10년은 작은 변화들이 모여 만들어 낸 큰 흐름이었다. 타바타 운동 수업은 그중 하나의 사례이지만, 그 속에는 혁신학교가 지향해 온 철학이 고스란히 담겨 있다. 즉, 학생이 주인이 되는 배움, 협력 속에서 함께 성장하는 학교, 그리고 배움이 곧 행복으로 이어지는 교육이다.

앞으로 또 다른 10년을 준비하며, 혁신학교는 학생들에게 삶을 살아가는 힘을 길러주는 배움을 계속 이어가야 할 것이다. 타바타 운동 수업에서 학생들이 보여주었던 도전과 협력의 모습은, 우리가 가야 할 교육의 길이 어디인지를 분명하게 보여준다. 그것은 곧 건강하게 배우고, 행복하게 성장하는 학교를 만드는 일이다.

수업 공개의 날, 직소 활동으로 영어 수업하기

교사 김명현

(2025.3.1.~현재)

    6월 20일, 오늘은 중학교 1학년 영어 수업 공개의 날이었다. 학생들과 함께 영어 읽기 수업을 직소 활동으로 진행했다. 여러 나라의 음식을 다루는 본문을 읽으며, 학생들이 그룹별로 각 요리의 특징을 탐구하고 직접 정리해 발표하도록 했다. 활동 전, 간단한 배경지식과 어휘를 먼저 짚어

주어 학생들이 본문을 자신감 있게 읽을 수 있게 했다.

  수업 중 모둠원들이 각각 담당 부분을 읽고 핵심 내용을 요약해 돌아가며 설명할 때, 학생들 표정에 뿌듯함과 약간의 긴장감이 함께 묻어났다. 여러 학생이 직접 본문을 읽고 궁금한 점을 서로 질문하거나, 다른 나라 음식 문화와 우리나라를 비교하는 모습이 인상적이었다.

  공개 수업임에도 학생들이 적극적으로 참여해 직소 활동의 장점을 실감할 수 있었다. 아직 영어 읽기와 요약이 익숙하지 않은 학생도 있었지만, 친구들과 함께 의논하며 각자 역할을 잘 수행했다. 수업이 끝난 후 성찰지를 보며, 학생 스스로가 영어 읽기 전략을 배웠다고 느낀 점을 읽으니 매우 보람찼다.

  이번 수업 공개를 통해 직소 활동이 영어 읽기에 자신감을 심어준다는 것을 확인했다. 앞으로도 학생 주도의 수업을 통해 더 많은 학생들이 영어를 즐겁게 배울 수 있도록 고민하고 실천하고 싶다.

> **인지중학교에서 보낸 아름다운 시간**

기억에 남는 것은

비판이 아닌 존중을 바탕으로 한 수업 피드백 문화였습니다.

수업 공개 후에는 평가나 지적이 아니라,

"이 수업에서 학생은 언제 배움이 일어났을까?",

"이 활동이 학생의 자존감에 어떤 영향을 줬을까?"와 같은

질문을 중심으로 토론이 이어졌습니다.

학생의 입장에서 수업을 바라보는 태도는 학교 전체의

수업문화를 더욱 성숙하게 만들었습니다.

혁신학교란 무엇인가?

(현)부석중학교 교장 서장욱

(2018.3.1.~2022.2.28)

　2018학년도에 인지중학교로 발령 나니 모든 전입교사는 혁신학교 연수를 받아야 한다고 연락하더군요. 소문으로만 혁신학교에 대해 어렴풋이 알고 있었고 기존의 연구학교, 시범학교와 차이도 구분하지 못한 상태에서 함께 전입한 선생님들과 충청남도교육청 교육연수원에서 진행한 연수를 기대 반 걱정 반 심정으로 참석하였습니다. 일방적인 전달 연수가 아니라 의견을 발표하고 선생님들과 모둠 활동으로 교육활동을 계획하고 나눈 것이 혁신학교에 대한 첫 경험이었습니다.

　새 학기가 시작되고 학교에서 접한 혁신학교는 먼저 모임과 회의가 많아 시간이 부족하다는 것이었고, 혁신학교를 업무로 맡은 분들은 뭔가 새로운 것을 하기 위해 열심히 준비해서 적용하려고 시도하는데 선생님들은 대체로 심드렁하고 자기 일이 아니라는 반응이었습니다.

　혁신학교의 첫 번째 목표라고 할 수 있는 학교운영체제 혁신에서부터 어려움이 있더군요. 인지중학교에서 4년간 3명의 교장선생님과 근무했는데 민주적 의사결정 체제를 수용하지 않는 분도 있었고, 학교 자치 실현보다는 사고 나지 않고 종합감사에 문제가 되지 않는 학교 운영을 우선하는 분도 있어 순조롭게 혁신학교가 운영된 것만은 아니었습니다. 선생님 중에도 혁신학교에 대한 부담과 두려움으로 기존의 교육활동 방식에 안주하려는 분들이 많았습니다. 그래도 교육력 강화를 위한 전문적 학습공동체는 계속 운영되었고, 새로운 수업과 평가에 도전하기 위해 교사가 아닌 학생의 변화에 집중하는 수업 나눔은 꾸준히 이루어지더군요.

 인지중학교를 시작으로 8년째 혁신학교에 근무하고 있는데 '이것이 혁신학교'라고 할 수 있는 모형은 없습니다. 혁신학교라는 것이 학교의 환경에 따라 다양한 모습으로 실현될 수 있다고 생각합니다. 같은 학교라도 구성원의 변화에 따라 발전할 수도 정체되거나 퇴보할 수도 있겠지요.

 김영삼 대통령의 문민정부 시절 교육개혁을 내걸고 많은 변화를 시도했습니다. 새로운 것에 대한 저항감으로 '열린 수업'을 하라고 하니 '창문이나 출입문을 열고' 수업하고, '맨손 수업'을 하지 말라고 하니 '장갑을 끼고 수업'하는 경우도 있었습니다. 그래도 돌아보니 그때부터 학교에 대한 고민이 시작되었고, 다양한 수업과 평가 방식을 시도하고 변화를 도모한 것이 아닌가 합니다.

 이런 맥락에서 지금은 혁신학교가 아니더라도 대부분의 학교에서 민주적 의사결정 체제가 구축되었고, 학교 안과 밖에서 다양한 전문적 학습공동체 활동이 이루어지고 있으며, 학생 배움 중심 수업을 많이 시도하고 있고, 교사를 평가하는 것이 아니라 학생의 변화에 초점을 맞춘 수업 나눔이 활발히 이루어지고 있지요.

 주어진 교육과정과 체제 안에서 변화를 시도 한다는 것이 정말 어려운 일이고 지금까지 하던 대로 하면 편한데 정답도 없는 혁신을 하는 것이 사람을 피곤하게 하겠지만 이런 도전과 실패들이 모여서 더 아름다운 학교를 만들고, 교원의 성장을 돕고, 교육 가족 모두가 행복한 교육공동체를 만들 것이라 믿습니다.

혁신학교란 무엇인가?

학교운영체제 혁신, 학교 교육력 강화 그리고 교육과정·수업·평가 등 혁신의 방향이라면 모범 답안을 찾는 것이 아니라 학교 구성원들이 다양한 모습으로 만들어 가는 것이라 생각합니다.

혁신학교는 지속적으로 변화하고 발전하는 모습으로 남을 것입니다. 학교의 변화를 긍정적인 시선으로 바라보고 학교가 사회를 바꾸는 출발점이 되었으면 좋겠네요.

코로나19와 함께 혁신학교 교감의 길을 걸으며

(현)당진고등학교 교장 김영곤
(2020.3.1.~2023.2.28.)

　교감 3년 차 인지중학교의 근무는 코로나19라는 전례 없는 상황을 함께 극복하며 교육공동체의 힘과 가능성을 깊이 체감할 수 있었던 3년이었습니다.
　먼저, 코로나19 초기에는 원격수업 전환과 방역 체계 구축 등 학교 운영 전반에 걸쳐 신속하고 유연한 대응이 필요했습니다. 교직원들과 긴밀히 협력하여 온라인 학습 플랫폼을 안정적으로 운영하였고, 학생들의 학습 공백을 최소화하기 위해 다양한 지원책을 마련했습니다. 특히 교사들의 수업 역량 강화를 위한 원격수업 연수와 피드백 문화를 통해, 위기 상황에서도 학생 중심 수업이 지속될 수 있도록 나름 힘썼습니다.
　이 과정에서 가장 보람 있었던 점은, 교직원과 학부모, 학생이 함께 위기를 슬기롭게 이겨내며 더욱 끈끈한 신뢰와 공동체 의식을 형성해 나갔다는 것입니다. 특히 방역과 돌봄, 정서 회복 프로그램 등 다방면의 협력을 통해, 단순한 감염 예방을 넘어 학생들의 안전과 성장, 관계 회복까지 도모할 수 있었습니다.

코로나 상황이 점차 안정되면서는, 다시금 혁신학교의 본래 취지인 '학생 중심', '배움 중심', '학습공동체 중심' 교육으로 나아가기 위해 노력을 이어갔습니다. 학생 주도 활동 등을 재정비하며 교육의 일상 회복을 넘어 '교육의 도약'을 꿈꾸는 기반을 다질 수 있었습니다.

교감으로서 가장 큰 보람은, 혼란과 변화 속에서도 아이들이 포기하지 않고 성장할 수 있도록 교직원들과 함께 끝까지 고민하고 실천해 왔다는 점입니다. 무엇보다 학교가 위기를 극복하는 데 과정을 넘어, 학생들이 함께 배우고, 돌보고, 성장하는 '삶의 공동체'로 거듭나는 과정을 함께했다는 데에 깊은 감사와 자부심을 느낍니다.

아울러 가장 큰 보람은 학생 중심의 교육 문화를 정착시키는 데 힘쓴 점입니다. 혁신학교의 핵심 가치인 '자율', '협력', '책임'을 바탕으로 학교 운영 전반에 걸쳐 변화를 이끌었습니다.

먼저, 학생 자치 활동의 활성화를 통해 학생들이 학교의 주체로 성장하는 모습을 가까이에서 지켜볼 수 있었습니다. 학생회가 실제 학교 운영에 참여하여 의견을 제시하고 반영되었으며, 그 과정에서 학생들은 민주적인 의사소통과 책임감을 배우는 계기를 갖게 되었습니다.

또한, 교사들과의 협업을 통해 교육과정의 다양화와 수업 개선을 실현한 점도 큰 보람이었습니다. '교사 주도의 연구모임'과 '수업 나눔의 장'을 마련하여 수업의 질을 높이고, 배움 중심의 수업 문화를 안착시켰습니다. 이러한 변화는 학생들의 학습 흥미와 참여도를 높이는 데 긍정적인 영향을 주었습니다.

무엇보다도, 학교 구성원 모두가 '함께 성장하는 학교'라는 공동의 비전을 공유하며 소통과 협력을 실천하는 문화를 만들어갔다는 점에서 큰 보람을 느꼈습니다. 이러한 경험은 앞으로도 교육 현장에서 학생 중심, 공동체 중심의 교육 철학을 실현해 나가는 데 소중한 자산이 될 것입니다.

함께 만든 학교, 함께 웃은 2년
― 인지중학교에서 보낸 아름다운 시간

(현)모종중학교 교장 이정춘
(2023.3.1.~2025.2.28.)

학교는 누구의 것일까?

 인지중학교에 처음 발을 들이던 날, 스스로에게 던졌던 질문이었습니다. 그리고 2년이 지난 지금, 그 질문에 나는 이렇게 답할 수 있습니다.
 "학교는 모두의 것입니다. 학생의 것이고, 선생님의 것이며, 학부모의 것이고, 마을의 것입니다."
 2023년 3월 1일, 나는 충남형 혁신학교로 운영되는 인지중학교의 교감으로 발령을 받았습니다. 처음에는 솔직히 조금 낯설었습니다.
 '혁신'이라는 단어가 다소 추상적으로 느껴졌고, 그것이 실제 학교 현장에서 어떻게 구현되는지는 경험해 봐야 알 수 있을 것 같았습니다. 하지만 시간이 지나면서, 그 '혁신'은 단지 제도나 구조가 아니라 사람들의 '관계'와 '문화'에서 비롯된다는 사실을 깨달았습니다.

민주적 학교 운영, 모두의 의견이 존중되는 문화

가장 감동적이었던 장면은 중요한 학교 정책이 결정되는 방식이었습니다.

인지중학교는 학교 운영의 거의 모든 정책을 선생님들과의 깊이 있는 협의를 통해 결정했습니다. 교장·교감을 비롯한 관리자 중심의 일방적 결정이 아닌, 선생님들이 함께 모여 깊이 있는 협의를 하고, 그 결과를 학생과 학부모님께 공유한 후 함께 결정해 나가는 과정. 그것은 협력과 민주주의의 작은 교과서와 같았습니다.

교직원회의가 단순한 전달의 장이 아닌, 성찰과 발전의 장으로 기능할 수 있음을 매번 느꼈습니다. 그들의 의견을 듣는 과정을 통해 결정된 정책은 실행의 단계에서 훨씬 큰 동력을 가졌습니다.

교사의 배움, 그리고 수업의 변화

무엇보다 중요한 건 '수업'입니다. 충남형 혁신학교의 핵심은 학생 중심 수업, 그리고 융합적 사고를 키우는 창의적인 교육 방식입니다.

인지중학교는 이 부분에서 실질적인 변화를 이뤄내고 있었습니다.

선생님들은 전공 영역을 넘나드는 융합수업을 기획하고 실행해 왔습니다. 각 교과목과 교과목이 함께 어우러지고, 연결되는 수업은 학생들의 사고를 입체적으로 자극했습니다.

또한 수석교사를 중심으로 한 상시 개방형 수업 공개는 다른 선생님들에게도 도전과 자극이 되었습니다. 단순히 보여주기 위한 공개가 아니라, 함께 고민하고 성장하기 위한 수업 나눔의 장이었습니다.

특히 기억에 남는 것은 비판이 아닌 존중을 바탕으로 한 수업 피드백 문화였습니다. 수업 공개 후에는 평가나 지적이 아니라, "이 수업에서 학생은 언제 배움이 일어났늘까?", "이 활동이 학생의 자존감에 어떤 영향을 줬을까?"와 같은 질문을 중심으로 토론이 이어졌습니다.

학생의 입장에서 수업을 바라보는 태도는 학교 전체의 수업문화를 더욱 성숙하게 만들었습니다.

이런 실천들은 혁신학교가 단지 행정적 틀이 아니라, 교사의 실천을 통해 어떻게 살아 움직일 수 있는지를 잘 보여주는 사례라고 생각합니다. 앞으로도 많은 학교에 전파되어야 할 소중한 교육 문화였습니다.

또 하나의 큰 축은 '전문적 학습공동체'였습니다.

교감으로서 여러 모둠의 운영을 지켜보며, 교사들의 배움과 열정이 어떻게 교육의 질을 바꾸어가는지를 실감했습니다. '아이들이 어떻게 배우면 좋을까', '우리는 무엇을 더 해볼 수 있을까'라는 고민을 나누던 선생님들의 눈빛에는 늘 진지함과 따뜻함이 함께 있었습니다.

공통의 관심사를 가진 선생님들이 자발적으로 모여 연구하고 실천하며, 서로에게 배우는 그 과정은 학교가 살아 숨 쉬는 현장이었습니다.

그런 장면을 볼 때마다 혁신학교의 교감이라는 역할이 얼마나 감사한 자리인지 느끼곤 했습니다.

학교와 학부모, 지역사회와의 관계 또한 특별했습니다. '벽화 그리기 행사'에서 교직원, 학생, 학부모가 함께 낡은 창고에 모여 벽에 색을 입히던 날, 누군가가 말했습니다. "이 그림에는 우리 학교의 마음이 담겼어요." 맞는 말이었습니다. 그날 우리는 단지 벽에 그림을 그린 것이 아니라, 신뢰와 소통의 문화를 함께 완성했던 것입니다.

주인이 된 학생들, 학교를 움직이다

인지중학교에서 가장 자랑스러운 부분을 꼽자면, 나는 망설임 없이 학생회 활동을 말하겠습니다. 단순히 학생 대표로서의 활동을 넘어서, 학교를 함께 만드는 주체로서의 학생회의 모습은 놀라움 그 자체였습니다.

선거 과정에서부터 민주적 시민교육이 철저히 이루어졌습니다. 후보자들은 공약을 발표하고, 공개 토론회를 통해 서로의 정책을 비교하고 검증했습니다.

선거는 단지 대표를 뽑는 행위가 아니라, 참여와 책임, 의견을 나누고 경청하는 연습이었습니다.

그리고 당선 후에는 끝이 아니라 시작이었습니다.

학생회는 학교 축제, 체육대회, 캠페인 활동 등 거의 모든 학교 행사의 주체가 되었고, 자신들의 손으로 학교를 운영한다는 자부심을 가지게 되었습니다.

대표적인 사례는 '교실마다 옷걸이대를 설치하겠다'는 공약이었습니다. 학생회는 목재를 직접 구입하고, 자르고, 사포질을 하고, 조립한 뒤

각 교실에 설치했습니다. 이 작은 실천은 단지 가구 하나를 만든 일이 아니라, 민주시민으로서 책임과 성취, 공동체 정신을 온몸으로 배우는 과정이었습니다. 놀랍게도, 학생들은 자신이 만든 옷걸이를 소중히 다루었고, 파손되는 일이 거의 없었습니다. 공약을 지키려는 노력과 그 결과에 대한 자부심은 학교의 문화를 바꾸는 데 크게 기여했습니다.

급식지도마저도 학생회가 맡았습니다. 매주 모여 협의하고, 역할을 분담하고, 갈등을 조정해가며 만들어간 자치의 과정은 정말 아름다웠습니다.

이외에도 학생회는 매주 자발적으로 회의를 열어 다양한 활동을 기획하고 실행했습니다. 나라사랑과 환경사랑 정신을 담은 캠페인, 독도사랑 태극기 퍼포먼스, 학교폭력 예방을 위한 플래시몹, 점심시간 미니 공연 등은 단순한 행사를 넘어서, 학교를 삶의 공간으로 바꾸는 소중한 실천이었습니다.

학생 자치 활동의 수준과 깊이는 '아이들이 이끄는 학교는 어떻게 가능할까'에 대한 훌륭한 대답이었습니다.

학교폭력 없는 학교, 모두가 행복한 공간

이런 자치와 배려, 존중이 일상화된 덕분일까요. 제가 근무한 2년 동안 인지중학교에서는 학교폭력 사례나 교칙을 어기는 일이 거의 없었습니다. 갈등은 곧바로 대화로 이어졌고, 친구 사이의 문제는 스스로 해결하는 문화가 자리잡았습니다.

학생 스스로가 학교의 주인이 되는 과정은 공동체 안에서의 책임감을 길러주었습니다. 학교라는 공간이 배움의 장을 넘어서, '함께 살아가는 법'을 배우는 공간이라는 것을 나는 인지중학교에서 실감했습니다.

감사와 바람

지금은 다른 학교의 교장으로 재직하고 있지만, 인지중학교에서의 그 2년은 교직 인생에서 가장 따뜻하고 충만했던 시간이었습니다. **혁신학교라는 이름이 말해주는 것보다, 그 속에서 살아 움직이는 사람들과의 관계, 참여와 존중, 신뢰와 협력의 문화가 바로 진정한 혁신임을 배웠습니다.**

혁신학교는 제도나 형식만으로는 완성될 수 없습니다. 가장 중요한 교장선생님의 신념, 관계의 신뢰, 실천의 용기가 뒷받침되어야 합니다. 인지중학교는 그것을 가능하게 했던 학교였습니다.

앞으로도 혁신학교의 정신이 더 많은 학교로 확산되기를 바랍니다. 특히, 학생이 진정한 주체가 되고, 교사가 배움의 동반자로서 기쁘게 성장하는 문화가 우리 교육의 본질이 되기를 희망합니다.

"혁신은 특별한 것이 아닙니다. 그것은 매일의 실천에서, 작은 약속을 지키는 손끝에서 시작됩니다."

나는 그것을 인지중학교에서 확인했고, 앞으로도 그 믿음을 가지고 걸어가겠습니다.

마지막으로, 함께했던 원종덕 교장선생님과 인지중의 선생님들께 진심으로 감사드립니다. 늘 웃으며 회의하고, 늘 아이들을 중심에 두었던 선생님들과의 시간은 지금도 내 마음을 따뜻하게 데워줍니다.

그리고 우리 사랑스러운 학생들, 그 누구보다 성숙하고 열정적으로 학교를 사랑한 너희들이 있어 학교는 진정한 배움터가 될 수 있었어.

이제 나는 새로운 곳에서 또 다른 변화를 만들어가야 하지만, 인지중학교에서 배운 '함께의 가치'를 늘 가슴에 새기며 걸어가겠습니다.

"혁신학교는 사람의 마음에서 시작되고, 함께하는 실천 속에서 완성된다." 그 믿음을 '충남형 혁신학교 인지중학교'에서 확인했습니다.

더불어 자라고 어울려 배우는 희망 날갯짓

(현)음암중학교 교무행정사 김성미

(2016.3.1.~2024.2.28.)

'교육가족 모두가 행복한 학교' 인지중학교에 첫발을 내디뎠을 때의 설렘이 아직도 생생합니다. 교무행정사라는 이름으로 시작된 나의 여정은 혁신학교의 힘찬 박동 소리를 듣고 아이들의 눈빛에 담긴 이야기를 읽어내며 선생님들과 학생들에게 스며 들었고, 행복한 문화 속에서도 어려운 부분이 차츰 보였습니다.

학교에는 보건, 상담, 교육복지사 선생님도 계시지 않았습니다. 그 빈자리는 고스란히 선생님들의 어깨를 짓눌렀고, 도움이 필요한 아이들을 보며 미약한 힘이나마 그 빈자리를 채워보고자 보건과 교육복지 업무 지원에 기꺼이 뛰어들었습니다. 아이들과 직접 소통하며 그들의 작은 고민을 함께 나눌 수 있었던 '보건 업무', 아이들의 가정환경과 특성을 깊이 이해하게 되면서 교육복지 업무의 중요성을 깊이 깨닫게 되었습니다.

상처를 넘어 희망으로: 사제동행 역사문화예술 탐방 자율동아리, 감동의 여정!

하지만 교육복지 활동은 생각만큼 쉽지 않았습니다. 대상 학생들을 지원할 때면 아이들은 "선생님은 쟤네만 편애해요!"라며 날카로운 눈빛과 항의를 하여 상처받는 아이들과 선생님들의 모습을 보며 참 속상했습니다. 이에 '어떻게 해야 대상 학생들이 낙인찍히지 않고, 소외감 없이 학교생활에 잘 적응하고 행복할 수 있을까?'라는 깊은 고민 끝에 "그래! 사제동행 역사문화예술 탐방 자율동아리를 만들면 어떨까?" 또 참여도를 높이기 위해 친한 친구들도 함께 구성하면 좋겠다, 라는 생각에 대상 학생들과 친한 친구들 또, 좋은 영향력을 줄 수 있는 모범학생 몇 명을 선생님들께 추천받아 학생 40명 소중한 아이들과 교직원 6명이 함께하는 '교육복지 자율동아리'가 감동적으로 탄생하였습니다.

하지만 코로나19에 발목이 잡혀 활동이 어려웠습니다. 그래도 우리는 진로 체험활동과 연계하여 다양한 활동을 하며 진로탐색의 기회를 갖고, 내실 있는 위생교육 및 성교육이 필요하다는 구성원의 의견을 수렴, 지역교육청에 요청하여 전문가를 통해 성교육 및 위생 교육을 실시하고 필요한 물품을 지원하는 등 학생들이 건강한 학교생활을 할 수 있도록 노력하였습니다.

코로나19를 이겨낸 우리는 수석교사 조성은(역사) 선생님의 따뜻한 가르침 아래 우리가 생활하는 지역의 역사문화를 알고 인근지역도 탐방하며 '지혜는 쌓고 사랑은 나누며' 서로를 배려하고 알아가는 소중한 시간을 가졌습니다.

그 시간들이 쌓이며 아이들은 소극적이고 어두운 모습을 점점 벗게 되었고 선후배 간, 선생님들과 더욱 친근해지며 적극적인 학교생활로 학력이 향상되고 학교 임원이 되는 등 자립적이고 주도적인 학생으로 성장하

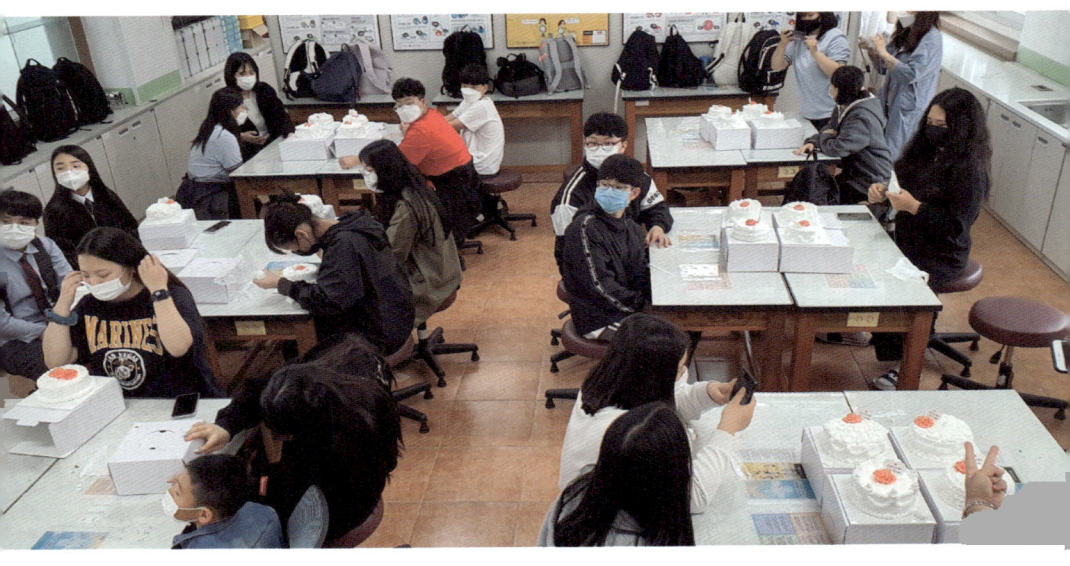

였습니다. 또, 다양한 체험활동을 통해 학교에서와 다른 모습의 아이들을 만날 수 있었습니다. 키가 작고 자존감이 약해 매일 울면서 "죽고 싶어요."를 말하던 학생은 체험학습 점심시간에 고기를 구워 친구, 형, 누나들에게 나누어주는 등 적극성을 띠고 체험학습에 열심히 임하며 자존감이 높아졌고 행복한 표정으로 교정을 뛰어다녔습니다. 수원화성을 방문하여 성곽길을 걷던 1학년 학생은 다리가 아파 도저히 못 가겠다고 하여 교감선생님 등에 업혀 친구들의 부러움을 사며 체험학습을 마쳤고, 교장선생님의 용돈봉투를 받고 환호하며 군산 거리를 누비던 25명의 학생들. 지난 시간 그 학생들의 성장하는 모습을 보며 학생들보다 저희 협력체 교직원들이 더 행복했던 듯합니다.

결핍되고 그늘져 있는 아이들이 마음껏 먹고, 웃고 활동할 수 있는 장

　을 만들어 주고자 모든 교직원이 협력하여 노력하였고, 아이들의 꿈을 응원하며 작은 성취에도 큰 칭찬을 아끼지 않으며 아이들의 자존감을 높여주기 위해 "잘했어!", "대단한데!"라는 말을 자주 해주었고, 그럴 때마다 아이들의 눈빛이 반짝이는 것을 볼 수 있었습니다.

　특히 아이들이 접하기 어려운 문화 공연을 체험할 수 있는 기회를 제공하고자 전주로 내려가 전통문화 체험 및 '엘리자벳' 뮤지컬 공연을 관람하며 공연예절도 배우고 예술적 감수성을 키울 수 있도록 지원하였습니다.

　또, 대전에서는 배구경기 관람을 하며 파이팅을 외쳤고, 최현우 마술 공연 'THE BRAIN' 멘탈 매직은 아이들의 호기심을 자극하였고 환호하게 하였습니다. 한국민속박물관에서의 공연 및 체험활동, 한강유람선 아라

뱃길 탐험 등 '더불어 자라고 어울려 배우는 희망 날갯짓'은 다양한 형태로 다양한 지역에서 계속되었고 그 안에서 아이들은 행복한 성장을 하였습니다.

인지중학교에서의 시간은 나에게 끝없는 사랑과 책임감을 가르쳐주었습니다. 그곳에서 만난 모든 아이들에게 감사하며, 행복한 어른으로 성장하기를 진심으로 바랍니다. 비록 학교교육복지 안에서 모든 문제를 해결할 수는 없었지만, 아이들과 함께한 모든 시간이 소중하고 행복했습니다. 앞으로도 아이들을 위한 '희망 날갯짓'은 계속되어야 하며, 이러한 교육복지제도가 빛이 되어 아이들의 삶을 환하게 밝혀줄 것이라고 믿습니다.

행복한 피로감

(현)서산중앙고등학교 교사 김선이

(2016.3.1.~2020.2.8.)

처음 혁신학교에 발령을 받았을 때, 낯섦과 혼란이 먼저 다가왔다. 첫 번째 낯섦은 2월 교육과정 함께 만들기 주간에 참가하여 연수를 들으며 경험할 수 있었다. 보통 전입하게 될 학교에 방문하면 업무나 담임 발표를 하고 새로운 업무 인수 인계를 받는 이전의 학교와는 달리 '수업 공개와 수업 나눔'에 대한 연수가 진행되었고 기존 교사와 전입 교사가 함께 모둠 활동에 참여하여 수업에 대한 이야기와 마음 나누기 활동이 운영되었다. 이 과정에서 교사들끼리 자연스럽게 연결되는 계기를 갖게 되었다. 그럼에도 이전의 학교 문화와는 다른 분위기에 한동안 적응의 시간을 보내야 했다. 특히, 처음으로 수업을 공개하라는 안내를 받았을 때는 큰 당황스러움이 밀려왔다. 내 수업이 타인의 평가 대상이 된다는 생각에 불안했고, 부족한 부분이 드러날까 두려운 마음이 들었다.

그러나 두려웠던 수업 공개는 나를 새롭게 바라보게 한 계기가 되었다. 수업이 끝난 후, 동료 교사들과 함께 나눈 수업 나눔 활동에서 선생님들은 수업자인 나를 평가하는 대신 수업에 참여하는 학생들을 면밀히 관찰한 피드백을 주셨다. 내가 앞에서 수업하느라 미처 발견하지 못했던 순간들을 포착하여 자세하고 친절하게 도움이 되게 말씀해주셨다. 그리고 수업자에 대한 응원과 격려를 아끼지 않으셨다. 이런 따뜻한 분위기에서 교사로서 내 모습을 돌아보며 성장할 수 있었고, 무엇보다 같은 길을 걷는 동료들과 깊게 연결됨을 느낄 수 있었다. '혼자가 아니구나', '함께여서 든든하다'는 감정은 이후의 나의 혁신 학교 근무 여정을 이어가게 하는 힘이 되었다.

이후로 우연하게 맡게 된 교육혁신부장 역할을 3년 동안 하게 되면서 학교의 혁신을 실질적으로 이끌어 가야 하는 자리에 서게 되었다. 어떤 철학으로 혁신학교를 운영해야 할까? 라는 치열한 고민 끝에 '서로 고민을 나누며 연결되어 자발적인 학교 문화를 형성할 수 있는 전문적 학습공동체 영역'에 방점을 찍게 되었다. 매주 전 교사가 참여하는 민주적 협의공동체와 전문적 학습공동체를 운영하며 구성원 전체가 함께 고민하고 소통하는 문화를 만들고자 노력했다. 교사들이 수업을 공개하고, 생활교육의 어려움을 솔직하게 나누며 함께 성장해 나가는 과정은 쉽지 않았지만 분명 의미 있는 변화였다. 가장 수업이 어려운 반을 선택해서 공개 수업을 하며 수업 고민을 털어놓고 수업과 학교 생활 적응에 힘들어 하는 학생들에 대해 함께 고민하는 시간을 보냈다. 돌봄과 지원이 필요한 아이에 대한 여러 교과 선생님들의 고민을 모으다 보면 아이에 대한 긍정적인 면과 평소 잘 알지 못했던 아이의 어려움을 발견할 수 있었다. 이것은 학생들에게도 교사들에게도 긍정적인 변화를 일으키는 계기가 되었다.

물론 이상적인 과정만 있었던 것은 아니다. 때로는 혁신에 대한 철학이 충분히 공유되지 않은 관리자와의 대립 속에서 회의감이 들기도 했고, 권위적인 행정실의 요구와 마주하며 깊은 갈등을 겪은 순간도 있었다. 그럴 때면 올바른 길을 가고 있는지, 이 노력이 어디까지 의미 있는 것인지 자문하게 되었다. 하지만 그 모든 고민과 갈등의 과정이 학교 문화를 조금 더 나은 방향으로 나아가게 하는 시간이었다는 생각이 든다.

돌이켜보면, 그 여정은 결코 쉬운 길이 아니었다. 공동체의 연결을 위해 늘 새로운 시도와 낯선 과제를 마주하며 피로가 쌓이기도 했지만, 행복한 피로감을 경험하는 순간들도 많았다. 과목별로 성취 기준을 들고 마을교육공동체 프로젝트 수업을 위해 동 학년 선생님들끼리 열정적으로 토론했던 일, 수업할 때 가장 힘든 반을 골라 수업 공개를 하고 깊은 고민을 나누며 머리를 맞대고 해결책을 찾던 일, 학교에서 변화되어야 할 부분에 대해 월드카페 토론을 하고 그 내용을 정리하여 갤러리 워크를 통해 구성원들의 의견을 공유했던 일 등이다.

동료들과 함께 배우고 성장하며 만들어냈던 작은 변화는 지금도 나의 교직 생활에서 소중한 자양분이 되고 있다. 혁신학교에서의 경험은 학교의 변화를 넘어, 나 자신을 변화시킨 과정이었다. 그리고 그 경험은 앞으로도 내가 어떤 학교에서 근무하던 변함없이 나의 마음 한 켠에 자리잡고 지속적으로 영향을 줄 거라 생각한다. 그래서 지금도 가는 곳마다 바쁜 일정을 쪼개 지나칠(?) 정도의 전문적 학습공동체 활동을 끊임없이 하고 있는지 모른다. 고민을 함께하는 교사들의 연결과 연결에서 오는 힘을 알기에 말이다. 이렇게 나에게 귀한 성장의 기회를 제공했던 인지중학교가 10년 차 혁신학교가 되었다는 소식을 들으니 반갑고 그리운 마음이 든다. 혁신학교 1살에서 4살까지 근무하고 학교를 옮기게 되었는데 이제 10살이 되었다고 하니 말이다. 걸음마와 옹알이를 하던 혁신학교가 이제 스스로 생각을 펼칠 수 있는 어엿한 10살 혁신학교가 되었다니 더욱 기쁜 마음이다. 10년 차 혁신학교를 잘 가꾸고 계신 인지중 선생님들을 응원한다.

나의 혁신학교 이야기

(현)서산중학교 교사 박종우
(2018.3.1~2022.2.28.)

안녕하세요?

2018년부터 2022년까지 인지중학교에서 근무하였습니다.

혁신학교에서 근무하며 기존 학교와는 다른 점들을 체감할 수 있었습니다. 가장 크게 느낀 점은 교육철학에서 민주성, 자율성, 공공성, 창의성 등이 중시된다는 것이었습니다. 이러한 철학을 수업에 적용하면서 협동학습, 토론 중심 수업, 프로젝트 학습 등을 운영할 수 있었고, 교사·학생·학부모가 함께 프로그램을 기획하고 운영하는 민주적인 학교 문화도 경험할 수 있었습니다. 또한, 학생 자치활동이 활성화되면서 스포츠클럽, 체육대회 등의 활동도 더욱 풍성해졌으며, 수업에서는 일방적인 전달이 아닌 학생들의 토론 결과가 반영된 수업 구성이 가능했습니다. 이러한 다양한 경험을 모두 글로 담기에는 한계가 있어, ChatGPT를 활용하여 제작한 4컷 웹툰 '혁신학교 체육수업'을 함께 소개하고자 합니다.

ChatGPT 프롬프트, 제목: 혁신학교 체육수업

1컷: 배경= 운동장
등장인물: 학생1, 학생2, 남교사
대사:
학생1-"선생님, 축구가 너무 어려워요."
학생2- "어떻게 해야 모두가 함께할 수 있을까?"
"그 고민이 문제해결의 시작이지!"

2컷:
등장인물: 학생1, 학생2, 남교사
대사:
학생1-"모두가 즐길 수 있는 규칙을 만들어보자"
학생2-"패스를 한번씩 받고나서 경기 시작. 어때?"
"모두를 위한 규칙을 만들다니. 이게 혁신학교지~!"

3컷:
등장인물: 학생1, 학생2, 남교사
대사:
학생1- "앗, 미안해. 내 실수야."
학생2- "괜찮아, 다시 해보자!"
"그래! 기술보다 중요한 건 배려와 협동이지…!"

4컷:
등장인물: 학생1, 학생2, 남교사
대사:
학생들- "오늘 수업 너무 재미있었어요!"
교사- "오늘도 작은 변화가 일어났군!"
마무리 문구: 혁신은 거창하지 않다.
아이들의 땀과 웃음 속에 있다.

혁신학교에서 수업 혁신을 이루다

(현)서천중학교 수석교사 김연미
(2020.3.1~2024.2.28.)

 인지중학교에서의 4년은 참으로 뜻깊은 시간이었다. 수업을 함께 나누고 성찰할 수 있도록 기꺼이 지지해주신 선생님들, 그리고 낯선 시도에도 꾸준히 따라와 준 학생들 덕분에 다양한 수업을 시도할 수 있었다. 혼자였다면 결코 감당하기 어려웠겠지만, 동료들과 학생들이 있었기에 가능했다. 물론 다양한 시도를 하며 많은 실패도 경험했다. 그러나 그 실패마저도 교육의 본질에 대해 다시 고민하고 성장할 수 있는 귀중한 계기가 되었다.

나만의 동화책 만들기

 그 중에서 교과융합수업을 전개한 '나만의 동화책 만들기' 프로젝트 수업이 기억에 남는다. 1학년 학생들을 대상으로 국어, 미술교과가 융합하여 전개한 수업으로 국어시간에는 백희나 작가의 『알사탕』, 『구름빵』 등

의 동화책 뒷부분을 상상해서 이어쓰고 미술 시간에 클레이, 종이 등을 이용하여 인형 제작 후 자신들만의 동화책을 제작한 수업이었다.

이 프로젝트 수업은 학생들에게 자신만의 상상력을 마음껏 펼칠 수 있는 기회를 제공했고, 이야기 구성부터 인형 제작, 최종 책 완성까지의 전 과정을 통해 주도적인 학습 경험을 할 수 있도록 했다는 점에서 큰 의미가 있었다. 특히 문장을 완성해 가는 데 어려움을 겪던 학생들이 모둠원들과 서로의 의견을 주고 받으며 글을 완성하고 자신들이 만든 캐릭터에 애정을 가지며 열심히 만들어가는 모습을 통해 배움의 동기는 '재미'와 '소속감'에서 비롯된다는 사실을 실감했다.

수업이 끝난 후 학생들은 직접 만든 동화책을 친구들 앞에서 소개하고 전시하는 시간을 가졌는데, 서로의 작품을 진지하게 감상하고 응원해 주는 분위기 속에서 학급 공동체도 한층 따뜻해졌다. 그 후 이 동화책은 충남교육청에서 실시한 차곡차곡 학생 작품집 만들기를 통해 전권을 묶어 책으로 나왔고 모든 학생들에게 배부하였다. 자신들의 작품이 책으로 나온 것을 엄청 신기해 하였고 여기 저기 자랑하기에 바빴다. 사실 이 또한 나 혼자 진행하였다면 어려웠을 것이다. 수업을 함께 만든 동료들과의 협업 또한 나에게는 큰 성장의 계기가 되었다. 특히 수업 아이디어를 내고 먼저 하자고 제안한 최윤희 선생님 덕분에 즐겁고 뜻깊은 수업이 된 것이다.

현장체험학습을 수업에 녹이다

　2023년 3학년 담임을 맡았다. 그해 3학년 학생들은 제주도로 수학여행이 계획되어 있었다. 역사탐방을 주제로 하였기에 수학여행 코스 중에 '4·3 평화공원'이 있었고 그러면서 자연스럽게 제주 4·3항쟁과 관련한 수업을 전개하고 싶었다. 몇몇 선생님들에게 이런 수업을 하고 싶다고 말씀드리자 역사교과 조성은 수석선생님, 미술교과 최윤희 선생님이 흔쾌히 함께하겠다는 동의를 해 주셨고, 덕분에 교과 간 융합이 가능한 작은 프로젝트 수업으로 발전시킬 수 있었다. 역사 교과에서는 제주 4·3 사건의 배경과 전개, 이후의 영향 등을 중심으로 탐구하며 학생들이 사건의 역사적 맥락을 이해할 수 있도록 했고, 국어 교과

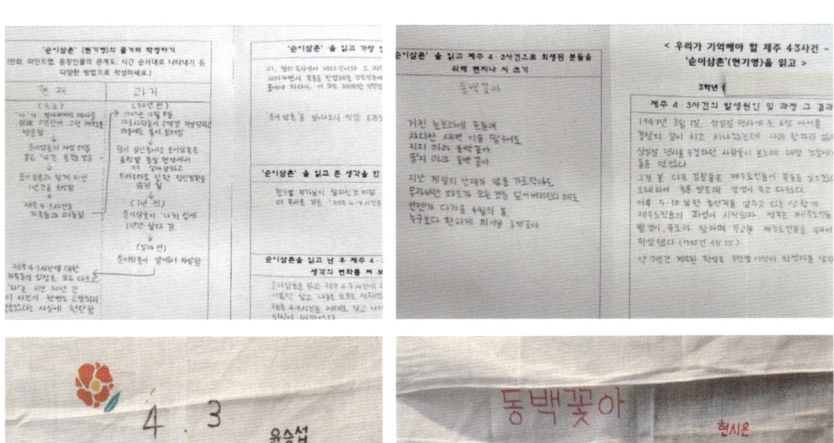

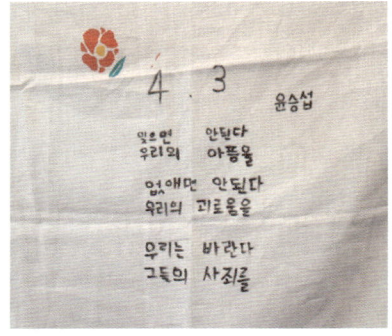
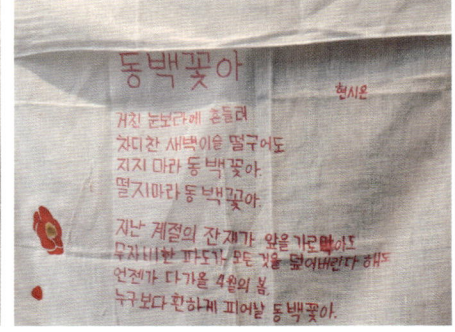

에서는 『순이 삼촌』 도서를 읽고 글의 내용을 파악하면서 그 느낌을 시로 표현해 보도록 하였다. 미술 시간에는 제주 4·3항쟁의 상징물인 동백꽃을 손수건에 스탠실 기법으로 찍고 시를 써보는 활동으로 프로젝트 수업이 마무리되었다.

수업을 준비하면서 가장 중요하게 생각한 것은 '사건을 있는 그대로 전달하는 것'이 아니라, 학생들이 그 속에서 인간적인 고통과 아픔을 이해하고, 역사적 사실을 자기 삶의 문제로 연결해보는 시간이 되는 것이었다.

무거운 주제였지만, 많은 학생들이 진지하게 임했고 특히 제주 4·3평화공원을 직접 방문한 이후에는 그들의 반응이 훨씬 달라졌다. "그동안 몰랐던 역사였는데, 이제는 왜 기억해야 하는지 알겠어요.", "그 당시 살

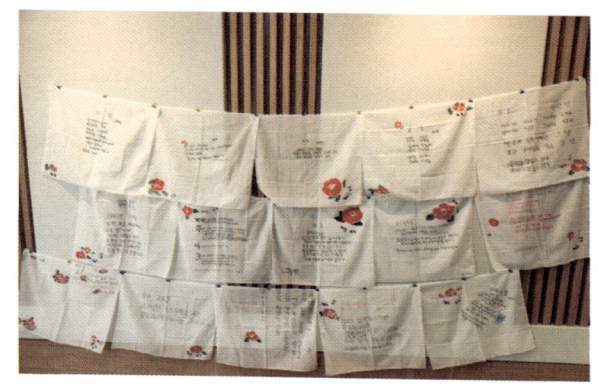

아남은 사람들의 이야기를 더 듣고 싶어요."라는 말은 교사로서 이 수업을 기획하길 참 잘했다는 생각을 하게 해주었다.

이번 수업을 통해 느낀 것은, 단순한 정보 전달을 넘어 '기억해야 할 역사'를 함께 고민하는 시간이 교육의 본질이라는 점이다. 수학여행이라는 특별한 경험을 통해, 그리고 교과 간의 협업을 통해 이루어진 이 수업은 학생들에게도, 나에게도 오래도록 기억에 남을 것이다.

낭독극 꽃을 피우다

평소 낭독극에 관심이 많았지만 수업 시간에 적용하기는 사실 어려움이 많았다. 하지만 인지중학교에서는 교육과정의 재구성과 수업의 유연함을 가질 수 있는 혁신학교였기에 도전해 볼 수 있었다. 4년 있는 동안 꾸준히 낭독극을 수업에 적용하였고 도교육청에서 주최한 '융합독서 낭독극 한마당'에도 학생들이 참가해 무대에 올랐다. 처음에는 무대 위에 서는 것조차 두려워하던 학생들이었지만, 대사를 연습하고 인물의 감정을 이해하며 점점 작품 속 인물과 하나 되어가는 모습을 볼 수 있었다. 특히 소극적이던 한 학생이 낭독극을 통해 자신감을 되찾고, 희곡으로 각색하면서 자신의 꿈을 키워나가는 모습을 볼 수도 있었다.

낭독극 수업은 정해진 정답이 없기 때문에 학생들과 함께 작품을 새롭게 해석하고 표현 방식을 고민하며 끊임없이 공부해야 했다. 혁신학교였기에 가능했던 교육과정의 유연함이 있었기에 이러한 시도를 지속할 수 있었다.

무엇보다도 수업을 통해 학생들이 변화하는 모습을 보며, 교사인 나 또한 끊임없이 배움의 자리에 있어야 함을 느꼈다. 결과보다 과정이 더 중요하다는 것을, 함께 고민하고 성장하는 공동체의 가치를 다시금 깨닫게 해 준 시간이었다. 인지중학교에서의 4년은 그래서 내게 '가르침'이 아닌 '함께 배우기'의 시간으로 기억될 것이다.

학부모의 교육활동 참여, 공동체 문화 형성을 통한 혁신학교, 함께 그려 나가다

(현)부석중학교 교사 윤시열

(2020.3.1.~2025.2.28.)

 본교로 전입해 왔을 무렵, 이미 본교는 혁신학교 4년 차를 마치고 2020년 혁신학교 재지정교로 선정된 상태였다. 이후 3년간 교육혁신부장을 맡으며 '혁신학교를 어떻게 운영해야 하는가'에 대한 고민은 늘 머릿속을 맴돌았다. 특히 코로나19로 인해 학생들의 등교가 5~6월로 연기되고, 원격수업이라는 전례 없는 상황이 펼쳐지면서 혁신학교 운영 계획을 세운다는 것이 결코 쉽지 않았다.

 이 글을 통해 2020년부터 학교 교육이 점차 정상화된 2022년까지, 학부모의 교육활동 참여를 중심으로 본교 혁신학교 운영의 경험을 되돌아보고자 한다.

 코로나19 팬데믹이라는 어려운 여건 속에서도 본교 학부모들은 교육의 주체로서, 자녀의 올바른 성장과 다양한 활동의 동반자로서 자발적이고 헌신적으로 학교 교육활동에 참여해 주셨다. 이러한 학부모의 주체적인 참여는 학생들에게 행복한 학교생활을 가능하게 했을 뿐 아니라, 학교

전체에도 긍정적인 파급효과를 가져왔다고 확신한다.

  2020학년도에는 '학부모 청렴 지키미 사업'을 운영하였고, 2021~2022학년도에는 '학부모회 학교참여 지원사업'을 통해 학부모회 활동이 보다 체계적으로 진행되었다.

  학부모들은 한 해의 활동을 함께 계획하고 성찰하며, 따뜻한 마음이 담긴 다양한 캠페인을 전개하였다. 학생들의 적성과 흥미를 고려한 교육기부 활동, 4차 산업 기반 프로그램 운영, 소극장 공연 관람과 같은 문화 활동, 함께 땀 흘리며 마을을 정화한 '줍깅' 활동, 학생, 학부모가 함께 배우는 연수 등 다양한 방식으로 교육활동에 참여해 주셨다. 학부모의 지속적이고 헌신적인 참여 덕분에 학생들은 학교에서 즐거움과 행복을 느낄 수 있었고, 교직에 몸담은 나에게도 학부모로부터 많은 것을 배우는 소중한 기회가 되었다.

"멀리 가려면 함께 가라"는 말처럼, 학교 교육과정의 운영은 소통을 기반으로 한 교육공동체 모두의 노력이 필요하다. 특히 혁신학교에서는 '혁신문화'의 조성이 무엇보다 중요한 밑거름이 되어야 한다. 이를 위해 교사, 학생, 학부모로 이루어진 교육의 3주체가 서로를 배려하고 소통하며 학생중심의 교육과정을 함께 만들어 나갈 때, 비로소 우리가 바라는 진정한 혁신학교의 모습을 실현할 수 있을 것이라 믿는다.

혁신학교의 운영 시작, 민주적 협의 문화의 문을 열다

(현)부석중학교 교사 윤시열

(2020.3.1.~2025.2.28.)

　해마다 2월은 모든 학교가 한 해의 교육활동을 계획하느라 분주한 시기이다. 새로운 학생들을 만나기 전, 우리는 먼저 함께 학교생활을 이끌어갈 선생님들을 만나게 된다. 2023년부터 2년 동안 교무부장을 맡으며, '어떻게 하면 새로 오신 선생님들과 어색하지 않게 시작할 수 있을까?'라는 고민을 하게 되었다. 동시에 '새로운 학교에 처음 오는 선생님들은 얼마나 낯설고 어색할까?' 하는 생각도 들었다.

　그래서 단순히 앉아서 설명을 듣는 방식이 아니라, 새로 오신 선생님들이 학교교육활동에 적극적이고 자율적으로 참여할 수 있는 방안을 고민하게 되었다. 간단한 학교 소개와 업무 분장 발표 후, 선생님들 간의 어색함을 풀기 위한 아이스브레이킹 시간을 마련했다. '학교 문화 밸런스 게임'을 통해 선생님들의 MBTI, 좋아하는 음식, 선호하는 교무실 분위기 등을 알아보며 자연스럽게 대화의 물꼬를 틔웠다. 비록 평범하고 간단한 게임이었지만, 선생님들의 얼굴에는 어느새 친숙함이 묻어나는 미소가 피

어났음을 느낄 수 있었다.

이어 우리 학교만의 특색사업을 선정하기 위한 협의회를 진행했다. 총 23명의 교원이 5개 모둠으로 나뉘어 자유롭게 주제를 선정하고, 그에 따른 다양한 교육활동 방안을 구상하여 발표하는 시간을 가졌다. 모둠에서 제안한 주제는 다음과 같았다.

- 타인을 배려하고 내면의 아름다움을 함양하는 인성교육
- 미래 과학기술 인재 양성을 위한 디지털 문해교육
- 모두가 참여하고 실천하는 지속가능한 미래를 위한 생태전환교육

각 교사에게 스티커 3개씩을 배부하여 투표를 실시한 결과, '생태전환교육'이 학교 특색사업으로 선정되었다. 이후 구체적인 실행 방안을 수립하여 금년 학교교육과정 운영계획서에 반영하였고, 교과 및 창의적 체험

활동과 연계하여 다양한 교육활동이 운영되었다. 또한 학년말에는 혁신학교 및 교육과정 평가회를 열어, 한 해 동안 진행된 특색활동이 교육에 미친 긍정적인 영향과 다음 해에 보완되어야 할 사항들에 대해 자유롭게 토의하는 시간을 가졌다.

교육활동의 시작은 계획에 있고, 계획을 수립하기 위해선 협의가 필요하다. 시간이 지난 지금 돌이켜보면, '민주적 협의공동체'라 불리는 우리 학교의 회의는 서로 다른 의견을 가진 교사들이 공통의 합의를 이끌어가는 소중한 과정이었다. 교사 한 사람 한 사람이 자유롭고 평등한 발언권을 갖고 의견을 제시하며, 수렴된 의견을 바탕으로 민주적인 절차를 통해 합의하고 의사결정에 도달하는 것. 이것이야말로 충남형 혁신학교가 지향하는 바가 아닐까 생각한다.

변화하는 사회 속에서 미래 진로 역량을 키우는 교육

(현)음암중학교 교사 김민승

(2021.3.1.~2025.2.28.)

    시간을 들여 백과사전을 뒤적이면서 궁금증을 해결하던 아날로그 시대를 지나 필요한 정보는 바로바로 내 손 안에서 해결할 수 있는 디지털 시대를 살아가는 학교 밖의 세상은 기술 발전과 복잡하고 다양한 사회 문제들로 인하여 예측의 불가능성이 커지고 있습니다. 가까운 미래에 학교 밖으로 나서는 학생들의 올바른 진로 방향 설정과 준비를 위하여 자기 이해를 바탕으로 미래 진로 역량을 키우는 교육의 필요성은 모국어를 배우는 때와 같다 할 수 있을 것 같습니다.

— 자기 이해

    너 자신을 알라는 현인의 말을 몇천 년이 지난 현재에도 적용해 보자면 진로의 의미처럼 인생에서 나아가는 길, 방향성을 잡기 위해서는 무엇보다도 자신의 흥미와 적성, 가치관 등의 교과서적인 요인들을 파악하는 게 가장 기본적입니다.

교과 시간 활용 자기 이해 활동	진로표준화검사	자아이해역량강화 진로캠프	직업 실무 체험
· 장점 문장 완성하기 · 흥미 아바타 그리기 · 강점지능 인지하기 · 가치관 경매 활동 · 직업 흥미 유형 찾기 · 의사소통능력 키우기 · 대인관계능력 알기 · 직업윤리 토의활동 · 각종 자기 이해 검사 등	〈진로표준화검사 안내〉		성우 반려동물 전문가

― 일과 직업 세계의 이해

현재 부모님 세대에서 받은 교육의 결과인 어제의 상식이 통하지 않을 수도 있는 급변하는 미래 사회에서 살아가야 할 아이들의 실제적인 일과 직업 세계에 대한 이해를 돕기 위한 고찰과 활동들은 개개인의 시행착오를 줄이고 자기주도학습 역량, 문제 해결 능력, 창의적이고 융합적인 사고 역량, 다양한 환경에서 적응할 수 있는 협업 능력 등의 미래 진로 역량을 키울 수 있을 것입니다.

직업의 이해 기본교육	자기주도학습	진로융합활동	융합과학 진로캠프
경제 교육	학업역량강화 진로캠프	진실 그것이 알고 싶다	자율주행 전문가
노동 인권 교육	진로 독서 활동	우리 지구를 구해줘	가상 현실 전문가

　진로 교육의 목표는 단순히 겉으로 보이는 학벌, 직업 등으로 끝맺는 동화보다는 변화하는 조건들 속에서 하루하루를 충실히 채워가야 하는 다큐멘터리 각본에 가깝습니다. 사회 변화, 국제 정세, 경제, 환경 문제 등의 개인이 쉽게 해결할 수 없을 것 같은 다양한 문제들이 있지만 그 속에서 주어진 과제를 성실히 이행하고 예측할 수 없을 것 같은 미래 변화를 예상하고자 노력하면서 자신의 진로를 향해 나아가는 미래 진로 역량을 키워갈 수 있도록 돕는 것은 중요합니다. 기존 세대가 겪어보지 못한 세상을 살아갈 아이들을 위해 앞으로 어떤 환경을 제공해야 할지 더욱 더 고민해야 하는 시간인 것 같습니다.

속도보다 방향이 중요했던 시간에 대한 회고

(현)서산명지중학교 교사 김하람

(2022.3.1.~2025.2.28)

    2023학년도에 혁신학교 업무를 맡으면 어떻겠냐는 말을 들었을 때, 머릿속에 처음 떠오른 생각은 이것이었다.

    '큰일 났다.'

    혁신학교라는 간판은 인증 맛집처럼 반짝이는 간판이지만, 누군가는 관련된 일들을 맡아야 하는 '숙제'였고, 그 해의 '당첨자'는 나였다. 겉으론 "네, 한 번 해보겠습니다" 하고 말했지만, 속으론 '혁신'이라는 단어를 백 번쯤 곱씹으며 마음의 준비를 해야 했다.

    '혁신'이라는 단어가 요즘은 워낙 일상화되어 여기저기 쓰이는 말이 되었지만, 나에게는 마치 영화 〈미션 임파서블〉의 그 '미션'보다 무겁게 느껴졌다. 그러다 보니, 혁신학교 업무의 시작은 혁신보다는 '생존'에 가까웠다.

    그런데 이상하게도, 시간이 지나면서 조금씩 적응이 되더라.

    인지중학교는 다른 학교와는 느낌이 달랐다. 뭐랄까, 교사들끼리 서로 크게 눈치 보지 않고 하고 싶은 말은 하는 분위기? "이런 건 어떨까요?"

라는 말이 무시되지 않고, 오히려 "그것도 괜찮네요."라며 분위기가 살아나는, 그런 학교였다. 그리고 나는 사실 학교가 그런 분위기가 되길 원했다.

월 2회 정례 협의회는 일방적이지 않았다. 때론 커피잔 들고 앉아 이런저런 얘기를 하다가 자연스럽게 교육 이야기로 흘러갔고, 한 교사의 아이디어가 금세 공동체의 의견으로 발전하기도 했다. 물론 회의가 길어져서 퇴근 시간이 가까워지면 모두 시계를 바라보며 초조해하긴 했지만, 그래도 뭔가 '말이 통하는 학교'라는 건 꽤 괜찮은 느낌이었다.

그리고 그 분위기는 교사들끼리만 그런 게 아니었다. 학생들도 꽤 당당하고, 자발적이었다.

2023년 학교 공개의 날에는 학생회장 선거를 공개하기로 계획했다. 학생들이 자발적으로 참여하고 진행하는 모습을 보여주고 싶은 마음이 있었기 때문이다. 후보자들은 공약집을 만들고, 토론회에선 서로의 의견에 반박하며 알찬 토론회를 만들어갔다. 아이들이 단순히 '선생님이 시켜서 하는 행사'가 아니라, '자기들의 일'을 주도하고 있다는 건 분명했다. 학교 수업 중 손 들고 질문하는 모습, 친구의 발표에 고개를 끄덕이는 모습 속에 그 동안의 교육이 쌓여 있음을 느꼈다.

그 해 기억나는 또 하나의 장면은 벽화 그리기 행사였다.

'벽화'라는 말만 들으면 뭔가 예술적이고, 미학적이고, 철학적인 느낌이 나지만, 현실은 팔 아프고 허리 아픈 노동이다.

그럼에도 불구하고, 그날은 정말 재밌었다.

학부모님들과 함께, 아이들과 함께 붓을 들고 벽에 페인트칠을 하다 보면 마음속 벽이 자연스럽게 허물어진다.

"선생님, 이 색 너무 촌스러워요."

"그럼 네가 칠해봐."

"제가 한 번 멋지게 해볼게요!"

그렇게 웃으며 칠한 벽에는 어설픈 캐릭터도, 삐뚤어진 하트도 있었지만, 이상하게도 보기 좋았다. 그건 아마 우리가 함께 그렸기 때문일 것이다. 당연히 힘들기는 했다. 하지만 학생들과 학부모님들과 함께, 그냥 '학교라는 공동체'의 구성원으로서 순수하게 즐겼다.

물론, 일은 여전히 적지 않았고, 때로는 성과주의의 늪에 빠져 뭔가 대단한 것을 해내야 하는 건 아닌가 걱정되기도 했다.

"이건 몇 건 했나요?"

"성과지표에 반영되나요?"

라는 말이 들려올 때면, 혁신학교가 '성과로 혁신을 증명하라'는 압박 속에 있다는 생각도 들었다.

하지만 그런 순간마다 떠오르는 건, 벽화 앞에서 웃던 아이들, 서로의 수업을 참관하며 격려하던 교사들, 그리고 '민주적인 학교'라는 단어가 단지 구호가 아니라 실제로 작동하던 그 경험들이었다.

지금은 인지중학교를 떠나 새로운 학교에 있지만, 그 1년은 분명 내 교직 인생에서 꽤 굵직한 한 해였다.

물론 다시 맡을 거냐고 누가 묻는다면… 음, 신중하게 대답하겠지만, 그런데 묘하게도 또 해도 괜찮을 것 같다는 마음이 드는 걸 보니,

어쩌면 나는 그 사이에 조금은 혁신됐는지도 모르겠다.

인지중학교 학생 자치 문화 경험기

교사 정미경

(2015.3.1.~2024.2.28.)

　인지중에서 9년을 근무한 교사입니다. 9년 중 5년은 육아 휴직으로 실제 근무는 4년밖에 되지 않았던 것 같습니다. 작고 정겨웠던 이 학교는 정말 정적인 느낌이었습니다. 그런데 돌이켜보니 어느 순간엔 운동장 배수로 공사를 하고 있었고 어느 순간엔 체육관(해마루, 솔마루)가 생기고, 본동 외벽 공사도 있었습니다. 마지막으로 우리 학교 진입로도 달라져 있었지요. 두 아이를 낳고 복직한 학교는 그렇게 많은 것이 바뀌어 있었습니다.

　그리고 복직하고 바쁜 나날을 지내던 중 가장 크게 변한 것은 나의 학생을 보는 눈이었다는 생각을 했습니다. 나도 이제 학부모가 되어 학생들을 대하다 보니 다른 시선을 갖게 되었다고 말입니다. 그런데 복직을 하며 진짜 변한 것은 나의 시선이 아니라 시선을 머물게 만드는 학생들이었습니다. 이때 만나게 된 학생들에게서 많은 변화가 보였습니다. 학생들이 스스로 알아서 무언가를 뚝딱뚝딱 이뤄내는 기특한 모습이 보였습니다. 휴직을 마치고 복귀한 2021년의 나의 반 학생들은 학급회의를 한다

학생 중심 캠페인 운영

학생회가 중심이 된 미니 스포츠 리그

학생회 선거의 날

체육대회 운영

며 담임인 내게 교무실에 잠시 가 있으라고 말했습니다. 왜인지 의아해하며 자리를 옮겼는데 학급 회의가 끝나고 나서 다시 교실로 부른 학생들은 학생 회의에서 의결된 내용을 나에게 설명하고 더 좋은 학급을 만들고자 노력하는 모습을 보며 깜짝 놀랐습니다.

시간을 거슬러 2015년, 고등학교에서 이 학교로 발령받았을 때 혁신학교라며 많은 연수를 들었지만 정신 없이 지나갔고 크게 개의치 않고 수업만을 열심히 했던 것 같습니다. 그리고 2021년 복직한 학교는 어느덧 학생이 주인이 된 학생 자치 중심의 학교가 되어가고 있었던 것입니다. 그리고 2022년 나는 학생 자치 업무를 맡으며 학생들의 달라진 역량을 더 가까이 느끼게 되었습니다. 학생회 친구들이 중심이 된 각종 캠페인, 체육대회, 축제를 경험하며 겨우 중학생이라고 생각했던 아이들이 학교의 주인이 되어 활동을 기획하며 실행하고 있었습니다. 아이들은 캠페인을 하며 자신들이 만든 팻말과 조끼를 입고 열심히 했습니다. 누가 시켜서, 누가 볼까봐, 귀찮아서 하는 행동들이 하나 없이 밝고 열정적이었습니다. 체육대회를 구상하며 아이디어를 내고, 점심시간에 미니 체육대회를 만들고 운영하는데 선생님들에게 의지하지 않고 좌충우돌하며 노력하는 모습이 멋지다는 느낌도 받았습니다.

특히, 학생의 대표를 뽑는 학생회장 선거는 1학기 말에 진행하였는데, 학생들은 자신들의 공약을 잘 설명하고 또 친구들 앞에서 토론을 벌였습니다. 그 토론의 과정에서 누가 학교를 가장 생각하고 학생들을 생각하는지 알게 되었습니다. 바로 그는 혁신학교 속에서 자란 학생들이라는 생각을 하게 되었습니다. 아이들에게 활동할 수 있는 장을 열어주니 어느샌가 그 중심의 주인공으로 우뚝 서 있었습니다. 이는

학생회 중심 축제 운영

단순히 그 학생 개인이 똑똑해서가 아니라 이 학교의 문화가 바뀌고 있다는 것을 느낄 수 있었습니다. 그렇게 뽑힌 학생회 친구들과 같이 활동한 2022, 2023년 체육대회와 축제는 잊을 수 없는 기억들을 많이 남겨 주었습니다. 학생회 조끼를 입었다는 책임감과 주인의식, 그리고 그를 따르는 학교 행사의 주인인 학생들은 우리 학교를 보다 혁신적으로 그리고 행복하게 만들었다고 생각합니다.

잊지 못할 나의 인지중

김노은
(36회 졸업생)

　인지중학교는 내가 진짜 '학생' 같았던 순수한 시절을 온전히 보낸 곳입니다. 중학교 시절을 떠올리면 가장 먼저 생각나는 건 친구들과 함께 자전거를 타고 등하교하던 모습입니다. 여름과 초가을, 따가운 아침 햇살을 피하며 자전거를 타고 달리던 평화로운 등굣길 풍경은 아직도 선명하게 기억에 남아 있어요. 오르막길은 늘 힘들었지만, 하굣길에 내리막을 따라 바람을 가르며 달릴 때 느꼈던 기분은 소소하지만 확실한 행복이었답니다.

　방과 후 활동 중 가장 기억에 남는 건 케이크 만들기였어요. 생크림을 예쁘게 바르려고 열심히 했지만 울퉁불퉁하게 발라졌고, 마침 지나가시던 교장선생님께서 "왜 이렇게 못 바르냐"라고 하시며 직접 다듬어 주셨던 일이 있었어요. 그땐 마음이 상해서 눈물이 났지만, 지금 돌아보면 풋풋한 사춘기의 한 장면 같아 웃음이 나요.

　기술·가정 시간에 만들었던 잔디인형도 기억에 남습니다. 머리 부분에서 잔디가 잘 자라야 하는 수행평가였는데, 인형에 이름을 지어주고 정성스럽게 꾸미면서 작은 생명을 돌보는 소중함을 처음 느낀 시간이었어요. 친구들의 인형도 하나하나 개성이 넘쳐서 함께 구경하고 소개해주며 웃던 기억이 아직도 생생합니다.

그리고 축제에서 친구들과 함께 준비한 부스도 빼놓을 수 없어요. 상자 속 물건을 손으로만 만져보고 맞히는 체험 부스를 기획하고 운영했는데, 반응이 정말 좋아서 뿌듯했던 기억이 있어요. 내 사진첩 속에는 바다포도를 만지며 체험하던 영상이 남아 있는데, 그 영상 속 내 표정을 보면 정말 행복해 보여서 지금도 미소가 저절로 나옵니다.

무엇보다 나에게 특별했던 시간은 전교 부회장으로 지냈던 경험이에요. 친구들을 대표해 무대에 서고 회의에 참여하며 느낀 책임감, 친구들의 다양한 의견에 귀 기울이고 조율해 나가던 과정이 나를 더 단단하게 성장시켜 주었다고 생각해요. 그 시절의 나는 모든 순간에 진심이었고, 돌이켜보면 지금보다 더 활기차고 보람 있게 하루하루를 살아갔던 것 같아요.

함께였기에 특별했던 중학교 시절

이채율

(36회 졸업생)

중학교를 졸업한 지 꽤 오랜 시간이 흘러서인지, 그 시절이 눈앞에 생생히 떠오르지는 않지만 몇 가지 기억은 여전히 또렷하게 남아 있습니다. 인지중학교는 대부분 인지초등학교를 졸업한 친구들이 진학하는 학교였지만, 나는 차동초등학교를 나와서 1학년 때는 아는 친구가 거의 없었습니다. 하지만 그런 나에게 먼저 손을 내밀어 준 친구들 덕분에 자연스럽게 친해질 수 있었어요. 반 친구들이 항상 "같이 할래?", "같이 가자"라며 챙겨주던 모습이 참 고마웠습니다.

1학년 생활 중 가장 기억에 남는 일은 학교에서 단편 영화를 촬영했던 경험입니다. 그 당시에는 친구들과 아직 어색했던 시기라 촬영 내내 긴장했지만, 지금 돌아보면 내 인생에서 흔치 않은 특별한 경험이었습니다. 선배들과 함께 활동하며 내가 만든 영화가 어떤 의미를 담고 있는지 고민하는 과정에서 많은 것을 배울 수 있었습니다.

2학년이 되면서 학교생활은 더욱 즐거워졌습니다. 반 친구들과 가까워졌고, 특히 친해진 친구와 드라마 이야기를 나누는 시간이 정말 행복했습니다. 서로 좋아하는 드라마를 소개해주고, 같이 본 드라마에 대해 각자의 생각을 나누는 대화가 참 즐거웠어요. 그 시기 과학캠프에 참여했던 기억도 인상 깊습니다. 구체적인 내용은 잘 기억나지 않지만, 원소의 불꽃반응 실험은 아직도 눈에 선합니다. 과학책에서만 보던 실험을 직접 눈으로 보며 다양한 색의 불꽃을 확인한 경험은 무척 신기하고 인상 깊었습니다. 나중에 '오로라 불멍 가루'가 유행했을 때, 중학교 실험이 자연스레 떠오르기도 했습니다.

2학년은 자유학년제가 끝나고 처음으로 성적이 나오는 해였습니다. 그때 나는 성적에 대해 잘 알지 못해서 A, B, C로 평가된다는 사실도 처음 알았습니다. 학기 말에 성적표를 받았을 때, 친구들이 "와, 전부 A야?"라고 말하는 걸 듣고서야 A를 받는 것이 잘한 거라는 걸 깨달았습니다. 그 순간 처음으로 성취감을 느꼈고, '내가 열심히 공부한 결과구나'라는 생각에 뿌듯함을 느꼈습니다. 이후로는 그때 만든 공부 습관 덕분에 지금까지도 좋은 성적을 유지할 수 있는 것 같아요.

물론 힘든 순간도 있었습니다. 특히 중학교 3학년 마지막 시험을 준비할 때는 '지금처럼 성적을 유지할 수 있을까?' 하는 걱정과 부담이 컸습니다. 친구들은 "어차피 너는 잘 볼 거잖아~"라고 말했지만, 그런 말들이 때로는 부담으로 다가오기도 했습니다. 그래도 항상 '해오던 대로 꾸준히 하자'는 마음을 다잡았고, 그런 마음가짐이 결국 나를 지탱해줬습니다.

가장 최근의 기억이라 그런지 중학교 3학년 시절이 가장 생생하게 떠오릅니다. 그때는 친구들과 가장 친했고, 일주일에 두 번 정도는 꼭 방과 후에 카페에 가서 수다를 떨며 시간을 보냈던 기억이 납니다. 그 당시엔 몰랐지만, 친구들과 함께 등하교하고 점심시간을 같이 보내던 평범한 일상이 얼마나 소중했는지 지금은 절실히 느껴집니다. 지금은 대산고등학교 기숙사에 살고 있어서 등하교가 따로 없고, 오히려 중학교 시절이 더 그립게 느껴집니다.

특히 점심시간마다 친구들과 체육관에 갔던 기억도 인상 깊습니다. 체육관에서는 남자 친구들이 농구를 하고, 나는 친구들과 함께 카드게임을 하며 시간을 보냈습니다. 별것 아닌 일상이었지만, 지금 돌아보면 참 따뜻하고 그리운 순간들이었습니다. 그래서 누군가 "언제가 가장 즐거웠어?"라고 묻는다면, 나는 주저 없이 "중학교 3학년 때요"라고 말할 것 같아요. 좋아하는 친구들과 등교하고, 점심시간에 웃고 떠들고, 방과 후엔 카페에서 여운을 나누던 그 소소한 일상이 지금은 너무나도 특별하고, 다시는 돌아갈 수 없는 소중한 추억이 되었기 때문입니다.

그리운 인지중의 날들

이영준
(36회 졸업생)

　중학교에 처음 입학했을 때는 코로나19가 한창 유행하던 시기였습니다. 친구들과 얼굴을 맞대고 이야기 나누기도, 학교 행사에 참여하기도 쉽지 않은 날들이었죠. 하지만 그런 상황 속에서도 우리는 나름의 방법으로 소중한 추억을 쌓아갔습니다.

　특히 점심시간마다 친한 친구들과 몰래 체육관에 모여 농구나 풋살을 했던 일이 아직도 생생하게 기억납니다. 당시 체육관 문은 항상 잠겨 있었지만, 체육 선생님께 매번 부탁드려 문을 열고 들어갔습니다. 아무도 없는 체육관에서 열 명 남짓한 친구들과 마음껏 뛰놀며 마치 우리가 체육관의 주인이라도 된 듯 즐거워했던 기억은 평생 잊지 못할 것입니다.

　이렇게 모였던 친구들과 우리는 자연스럽게 '인지중 농구부'를 만들게 되었습니다. 매주 정해진 시간에 모여 운동하며 처음에는 10명이었던 구성원이 점점 늘어나 후배들까지 함께하게 되었고, 어느새 농구부는 16~17명 규모의 모임이 되었습니다. 더 뿌듯했던 건, 우리가 졸업한 후에도 이 농구부가 그대로 이어지고 있다는 소식을 들었을 때였습니다. 우리

미니스포츠리그, 농구

의 작은 모임이 후배들에게까지 전해져 지금도 유지되고 있다는 사실에 깊은 감동을 받았습니다.

또 한 가지, 중학교 3학년 때의 수학여행도 빼놓을 수 없는 추억입니다. 출발 5일 전, 코로나에 걸리며 수학여행에 가지 못할 수도 있다는 얘기를 듣고 얼마나 마음이 아팠는지 모릅니다. 친구들은 장난기 가득한 마음으로 내 책상에 포스트잇과 스티커로 장식하며 위로 편지를 써줬습니다. 몸은 아프고 마음은 더 아파 울면서 부모님께 수학여행 보내달라고 조르기도 하고, 하늘을 보며 수학여행 날짜가 미뤄지길 간절히 기도했던 기억도 납니다.

그리고 정말 기적처럼 수학여행 당일, 폭우로 인해 여행 일정이 연기되었고 결국 나도 함께 갈 수 있게 되었습니다. 그 수학여행에서 우리는 롯데월드를 방문했고, 친구들과 머리띠를 맞춰 쓰고 사진을 찍으며 하루를

수학여행

보냈습니다. 각자 외모와 캐릭터에 어울리는 머리띠를 고르며 장난을 치고, 놀이기구 몇 개를 타고는 지쳤다며 바닥에 드러누워 쉬거나 게임을 하며 웃고 떠들던 그 하루는 아직도 생생합니다. 츄러스를 사면 누가 먼저랄 것도 없이 달려와 한 입씩 빼앗아 먹고, 갑자기 '모험을 떠나자'며 돌아다니다가 길을 잃어버린 해프닝도 있었습니다. 힘들었지만 그만큼 즐겁고, 유쾌하고, 잊지 못할 하루였습니다.

돌이켜보면, 코로나로 시작한 중학교 생활은 쉽지 않았지만 그 안에서도 친구들과 함께여서 가능했던 따뜻한 추억들이 많았습니다. 체육관 농구, 롯데월드 수학여행, 친구들의 웃음소리와 장난스러웠던 일상들까지… 인지중학교는 나에게 단순한 학교를 넘어, 가장 찬란한 청소년기를 보낸 행복한 공간이었습니다. 지금도 그 시절을 떠올리면 자연스럽게 미소 짓게 됩니다.

중학교의 기억, 고등학교 끝자락에서 돌아보다

김정훈

(36회 졸업생)

코로나 팬데믹이라는 특수한 시기에 인지중학교에서 3년을 보냈습니다. 마스크 너머로 친구들과 웃고, 때로는 거리두기를 하며 조심스러운 학창시절을 보내야 했지만, 돌이켜보면 그 어느 때보다도 특별하고 황당하며 따뜻한 기억들로 가득합니다.

첫 등교는 입학 전 예비소집일이었습니다. 인적성 검사를 OMR 카드에 작성하던 날, 날짜를 분명히 정확하게 썼음에도 감독관 선생님께서 "틀렸다"고 하시며 엉뚱한 날짜를 써 주셨습니다. 그때는 속으로 웃으며 고개를 끄덕였지만, 놀랍게도 그 선생님은 2학년 때 저희 반 담임이 되셨습니다. 알고 보니 정말 따뜻하고 학생들을 진심으로 위하는 분이셨고, 많은 학생들이 졸업 후에도 찾아갈 정도로 존경받는 선생님이셨습니다.

3학년이 되던 해, 코로나로 대부분의 학교가 수학여행을 취소하던 시기였지만 우리 학교는 학생 수가 적은 덕에 수학여행을 계획할 수 있었습니다. 하지만 출발 며칠 전, 예상치 못한 태풍이 찾아와 여행이 전면 취소되었습니다. 서산과 여행지인 서울 모두 큰 영향을 받지 않았기에 학생들

수학여행

의 아쉬움은 매우 컸습니다. 다행히 한 달 뒤 다시 일정을 조정해 수학여행을 갈 수 있었고, 그때의 기쁨은 지금도 생생하게 기억됩니다. 수학여행 마지막 날, 나는 친구와 인사동을 자유롭게 돌아다니며 시간을 보냈습니다. 박물관을 둘러보고 거리를 구경하다 보니 식사 시간이 촉박해졌고, 결국 식당에서 점심을 먹지 못하고 편의점 도시락으로 한 끼를 해결했습니다. 인사동 한복판에서 친구와 함께 길가에 앉아 도시락을 먹던 장면은 지금 떠올려도 웃음이 납니다. 아마 그 기억 때문인지, 요즘은 서울에 갈 일이 있으면 꼭 제대로 된 식사를 하려고 애씁니다.

또 하나 기억나는 순간은 같은 반 친구와 나눈 아이돌 토론입니다. 저희가 좋아하던 여자 아이돌 그룹의 멤버 한 명이 학교폭력 논란으로 탈퇴하게 되었고, 이를 두고 '실력만 좋으면 되는가', '최소한의 인성은 필요하지 않은가'를 두고 진지한 토론을 벌인 적이 있습니다. 결론은 나지 않았지만, 지금의 내가 그 그룹의 팬이 된 걸 보면 친구 쪽의 의견이 이긴 셈일지도 모르겠습니다. 다행히도 현재 그 그룹은 별다른 논란 없이 순항하고 있습니다.

이외에도 주말에 학교 행사로 대전 배구 경기를 보러 가다가 폭설 때문에 4시간 넘게 걸려 도착했던 일, 처음이자 마지막으로 체육대회 이어달리기에 나갔던 일도 또렷하게 떠오릅니다. 그렇게 웃고, 아쉬워하고, 때로는 설레며 보낸 인지중학교에서의 3년은 어느새 추억이 되었지만, 그 기억들은 여전히 저를 따뜻하게 감싸 줍니다.

앞으로 대학에 진학하고 사회에 나아가더라도, 나는 인지중학교에서의 시간을 잊지 않을 것입니다. 팬데믹이라는 낯선 시대 속에서도 친구들과 함께 웃고 울며 만들어낸 소중한 기억들은, 어른이 된 나의 마음속에도 오래도록 머물 것입니다.

그 3년이 나를 더 단단하게 하였다

전유리

(37회 졸업생)

중학교를 졸업한 지 어느덧 2년이 지난 지금, 중학교에서의 시간을 떠올리며 자유로이 글을 써볼 기회를 얻게 되었다. 나에게 인지중학교에서의 3년은 조금 특별한 의미를 지니기에, 진솔하게 내가 겪은 학교 이야기를 해보려고 한다.

내가 처음으로 학교에 관심을 가지게 된 것은 1학년 때 방송부에 들어서면서부터이다. 방송부가 필요한 학교 행사나 다양한 일에 함께하다 보니 학습 현장 뒤에서의 과정들을 관찰할 수 있는 시간이 많아졌고, 좋은 학교를 만들어 나가기 위해서는 각 구성원 간의 원활한 소통이 필요함을 느꼈다. 12월 말쯤 진행되는 우리 학교의 축제는 '들말 축제'라는 이름으로 불리는데, 1부에는 학급별 부스를 운영하고 2부에는 학급별 공연 및 동아리 발표회가 이어진다. 학급별 부스를 위해서 학생들이 주도적으로 주제와 필요한 물품을 상의하고, 담임 선생님들께서는 필요한 물품들이 잘 준비될 수 있도록 도와주신다. 2부에 진행되는 공연은 학생회와 방송부를 중심으로 진행되며 공연에 참여하는 각 그룹과 운영진들은 서로 소

학생회 캠페인 활동

통하며 필요한 부분들을 보완한다. 나는 이러한 축제를 통해 학생과 학생, 또 학생과 선생님 사이의 수많은 소통 과정을 거쳐 학생들이 중심이 되어 하나의 행사를 채워나가는 것이 무척이나 의미 있게 다가왔고 그렇게 우리 학교에 푹 빠지게 되었다.

방송부 활동을 하며 느꼈던 소통의 필요에 더해 이 학교에서 더 의미 있는 시간을 만들어보고 싶은 마음으로 2학년 2학기부터 학생회장을 맡게 되었고, 14명으로 구성된 학생회와 각 학급 반장, 부반장까지 더한 총학생회가 구성되었다. 학교폭력 예방과 더불어 학생들의 아침이 활기차도록 돕고자 학생회는 매주 월요일 등교 시간마다 2곡의 노래에 맞추어 율동 캠페인을 진행하였다. 처음에는 부끄럽고 부담스러웠지만, 등교하는 학생들의 얼굴도 점점 밝아지고 때로는 같이 따라하는 모습을 보며 우리의 작은 행동이 밝은 학교 분위기를 만드는 것에 도움이 된 것 같아 미소가 지어졌다.

　이렇게 내가 아닌 다른 사람과 의견을 맞추어 나가고, 나의 행동으로 무언가를 운영하여 바꾸어나가며 중학교 시절 나는 '나'를 찾아나갔던 것 같다. 누군가는 그 시간에 공부를 더 하라고 할 수도 있지만 고등학생인 지금도 나는 그 시간들이 너무나 값지며 마음 한 구석에 자리 잡고 있다. 공부를 통해선 느낄 수 없었던 또 다른 경험에 대한 공부, 그것이 있었기에 지금의 나는 훨씬 단단한 사람이 된 것 같다.

나를 키운 학교, 인지중학교

유다현

(37회 졸업생)

중학교를 졸업한 지도 벌써 1년하고도 반이 지났다. 내가 다녔던 인지중학교는 혁신학교였다. '혁신학교'라는 이름을 처음 들었을 땐, 뭔가 실험적인 학교 아닐까 걱정도 됐지만, 지금 돌아보면 내가 가장 나답게 지낼 수 있었던 소중한 공간이었다.

우리 학교는 학생의 의견을 존중하고 자율적인 분위기가 가득한 곳이었고 시험이 전부가 아니었다. 발표, 체험학습, 모둠 활동을 통해 배우는 시간이 많았기 때문에, 교실이 항상 활기찼다.

특히 학생회가 매우 활발했던 것이 우리 학교만의 특징이었다. 나는 학생회 일원은 아니었지만, 2학년과 3학년 1학기에 반장을 맡으며 그 문화 속에 함께 숨 쉬고 있다는 걸 강하게 느꼈다. 학급에서 친구들 의견을 모으고, 회의 시간에 함께 논의하고 결정하는 과정은 단순한 역할을 넘어서는 경험이었다.

기억에 남는 활동 중 하나는 지역 유기농 가게와 함께 진행한 소시지 만들기 체험이었다. 단순히 요리를 해보는 게 아니라, 먹거리의 원산지나

식재료의 중요성, 지역 상생에 대해 배우는 수업이 함께 이루어졌다. 직접 소시지를 만들고 시식하면서, 배움이 교과서 속 지식에만 머물지 않고 삶과 연결될 수 있다는 걸 실감할 수 있었다. 무엇보다 친구들과 협력하며 배우는 과정이 즐거웠다.

체육 시간 또한 특별했다. 다른 학교에서는 잘 접하기 힘든 사격, 롱보드 같은 종목을 배울 수 있었다. 처음엔 낯설고 어려웠지만, 선생님들의 세심한 지도 덕분에 점차 익숙해졌다. 사격을 하면서는 집중력과 인내심을, 롱보드를 타면서는 도전하는 용기와 균형감을 배웠다. 몸을 움직이며 마음까지 건강해지는 느낌이었다.

가끔은 모두가 강당에 모여서 '얼굴 찌푸리지 말아요' 노래에 맞춰 함께 춤을 추는 날도 있었다. 처음엔 조금 부끄럽고 어색했지만, 친구들과 어깨를 들썩이며 웃다 보면 학교가 얼마나 따뜻하고 열린 공간인지 새삼 느낄 수 있었다. 그런 경험들은 공동체의 소중함을 온몸으로 배우게 해 주었다.

앞으로도 살아가며 중학교에서의 이런 경험을 잊지 않고 책임 있게 행동하고, 나의 목소리를 내는 사람이고 싶다. 나에게 인지중학교는 단순히 지식을 배우는 곳이 아니라, 나 자신을 발견하고 성장할 수 있었던 학교였다.

수학여행에서 생일파티까지, 나의 인지중 추억

유준용

(37회 졸업생)

초등학교를 졸업하고 처음 인지중학교에 발걸음을 내디뎠을 때의 긴장감과 설렘이 아직도 생생합니다. 가슴이 두근거리던 그 순간을 떠올리면, 이제는 웃음이 나기도 하고 조금은 부끄럽기도 합니다. 그렇게 시작된 중학교 생활은 실수도 많았지만 그만큼 즐겁고 의미 있는 추억들로 가득합니다.

무엇보다 가장 기억에 남는 순간은 수학여행이었습니다. 여행을 떠나기 전, 역사·국어·미술 수업을 통해 '제주 4·3 사건'에 대해 배운 경험은 아직도 잊을 수 없습니다. 역사 시간에는 선생님의 친절한 설명으로 잘 알지 못했던 우리의 아픈 역사를 새롭게 이해할 수 있었고, 국어 시간에는 『순이삼촌』이라는 소설을 읽으며 그 시대의 슬픔과 억울함을 간접적으로 체험했습니다. 또 미술 시간에는 하얀 손수건 위에 붉은 동백꽃을 그리며, 예술로 역사와 기억을 표현하는 특별한 경험을 했습니다. 그렇게 배움을 쌓은 뒤 찾은 제주 4·3 평화공원에서는 희생자들의 이름이 새겨진 비석 앞에 서게 되었습니다. 그 앞에서 나는 다시는 이러한 비극이 되

풀이되지 말아야겠다고 다짐했습니다. 이어진 여행에서도 잊지 못할 순간들이 많았습니다. 폭우 속에서도 온몸으로 빗물을 맞으며 오른 성산일출봉, 뜨거운 햇볕 아래 레일바이크와 카트를 타며 느낀 짜릿함, 숙소 수영장에서 친구들과 물장구치며 웃음소리가 끊이지 않았던 시간들… 코로나 시기를 지나오며 쌓였던 답답함과 스트레스가 한순간에 풀어지던 특별한 여행이었습니다.

동아리 활동 또한 중학교 시절을 풍요롭게 만든 소중한 추억입니다. 환경반에서 야외수업을 하며 꽃을 직접 관찰하고 이름을 배우던 시간, 함께 작물을 키우며 작은 싹이 자라나는 과정을 눈으로 확인하던 순간들은 교실 안에서만은 결코 느낄 수 없는 특별한 배움이었습니다. 자연과 가까이에서 생활하며 세상을 바라보는 눈이 조금 더 넓어졌던 값진 경험이었습니다.

그리고 무엇보다 빼놓을 수 없는 추억은 3학년 시절, 담임선생님과 함께한 기억입니다. 나는 3학년 2학기에 학급 반장을 맡으며 체육대회와 축제 준비 등 크고 작은 행사를 주도해야 했습니다. 친구들 사이에서 의견 충돌이 생기고 마음이 지칠 때도 많았지만, 그때마다 담임선생님께서 나를 믿고 응원해 주셨습니다. 덕분에 끝까지 책임감을 가지고 임할 수 있었고, 한 학기를 잘 마무리할 수 있었습니다.

특히 잊지 못하는 것은 매월 있었던 학급 생일파티입니다. 선생님께서는 늘 초코파이와 음료수를 준비해 주셨고, 때로는 직접 구운 마들렌을 가져오셔서 우리를 깜짝 놀라게 하셨습니다. 교실 안 가득 퍼지던 달콤한 향기와 친구들의 웃음소리, 그리고 "생일 축하해!"라는 따뜻한 말들이 모여 지금도 내 마음속에 가장 행복한 장면으로 남아 있습니다. 단순한 파티를 넘어, 선생님의 정성과 따뜻한 마음이 느껴졌던 순간이었기에 더욱 소중하게 기억됩니다.

돌이켜 보면 인지중학교에서 보낸 3년은 내게 단순한 학교생활 그 이상의 시간이었습니다. 함께 웃고 울며 성장했던 친구들, 늘 옆에서 힘이 되어주셨던 선생님들 덕분에 지금의 내가 있을 수 있음을 잘 알고 있습니다.

혁신학교 10주년을 진심으로 축하드립니다. 앞으로도 인지중학교가 학생들에게 자유롭고 따뜻한 배움의 공간으로 오래오래 기억되기를 바랍니다. 나 역시 이곳에서의 시간을 소중히 간직하며, 더 큰 꿈을 향해 나아가겠습니다.

다채로운 기억들, 그리고 나만의 졸업 이야기

현시은

(37회 졸업생)

　중학교 생활을 돌아볼 때, 가장 기억에 남는 활동은 3학년 2학기에 했던 낭독극입니다. 연기력이 부족해서 맡은 역할을 충분히 표현하지 못한 아쉬움은 있지만, 당시 꿈꿨던 '성우'라는 진로에 대해 다시 생각해볼 수 있었던 소중한 기회였습니다. 대본을 각색하고, 직접 연기에 참여하면서 하나의 극을 만들어가는 과정의 즐거움을 처음으로 알게 되었고, 그 시간은 지금도 내 마음에 따뜻하게 남아 있습니다. 함께 고생한 친구들과 열정적으로 지도해주신 국어 선생님께 다시 한번 감사의 마음을 전하고 싶습니다. 사실 지금도 가끔 당시 대본을 펼쳐보곤 합니다. 그러다 문법이 이상하거나 어색한 표현이 나오면 조금 부끄러워지기도 해요. "왜 그땐 저렇게 썼지?", "조금만 더 신경 썼으면 좋았을 텐데…" 하는 생각이 자꾸 들기도 하고요. 좋은 기억만 남길 수는 없지만, 아직은 내 손으로 만든 '흑역사'를 온전히 받아들이기엔 조금 부끄러운 마음도 있습니다.

　가야금부 활동도 중학교 시절을 대표하는 추억 중 하나입니다. 1학년 초, 아무것도 모른 채 친한 선배를 따라 가입하게 되었지만, 여러 번의 공연을 거치며 점점 흥미를 느꼈고, 2학년 때부터는 강사님이 오셔서 체계적으로 연습을 하며 실력도 많이 늘었습니다. 3학년이 되자 선배들이 모두 졸업하고, 같은 학년 친구도 전학을 가는 바람에 가야금부에 혼자 남게 되었지만… 리더십이라고는 찾아볼 수 없던 나는 결국 부장 자리를 1년 먼저 후배에게 넘기게 되었고, 그 점이 지금도 미안한 마음으로 남아 있습니다.

또한 3학년 축제에서는 혼자 무대에 올라 노래를 부른 경험도 있었습니다. 가림막이 있었음에도 무척 떨렸고, 중간중간 실수도 있었지만, 그럼에도 끝까지 들어주고 박수쳐준 친구들에게 정말 고마웠습니다. 다소 생소한 곡이라 아는 사람이 없었을 텐데도 응원해줘서 용기를 낼 수 있었고, 나처럼 소심한 사람이 무대에 선다는 게 지금 생각해도 참 신기합니다. 그 무대는 먼저 말을 건네주시고, 용기를 북돋아 주신 선생님 덕분에 가능했던 일이었습니다. 감사합니다.

마지막으로 기억에 남는 활동은 졸업 영상 제작입니다. 우리 조는 1학년 시절의 에피소드를 각색해 영상으로 만들었는데, 촬영 날 눈이 많이 쌓여 있어 꽤 추웠음에도 조원들과 함께 열심히 움직이며 촬영했던 기억이 납니다. 나는 대본 작성, 출연, 편집은 물론, 다른 조의 영상을 이어붙여 최종본을 만드는 역할까지 맡았는데… 졸업식 당일, 어쩐 일인지 우리 조 영상만 송출되는 해프닝이 벌어졌습니다. 몇몇 친구들은 내가 다른 조 영상을 고의로 제외한 것이 아니냐는 오해를 하기도 했지만, 졸업식이 끝나고는 반 친구들과 다시 모일 일도 없었기에 해명할 기회도 없었습니다. 조금 아쉽고 씁쓸했지만, 지금은 모두 좋은 추억으로 남았기를 바라고 있습니다.

돌이켜보면 모든 순간이 완벽하진 않았지만, 그 나름대로 의미 있었고, 지금의 나를 만들어 준 소중한 시간들이었습니다. 그 시절 함께해 준 선생님들과 친구들 모두에게 진심으로 감사드립니다.

중학교에서 만난 특별한 순간들

유다연
(38회 졸업생)

중학교 시절을 돌이켜보면, 매 순간이 특별하고 의미 있는 시간이었습니다. 그중에서도 가장 기억에 남는 것은 체육대회입니다. 운동장에서 반 친구들과 한마음으로 달리고, 서로를 향해 목이 쉬도록 응원하던 그 순간들은 지금 생각해도 가슴이 뜨거워집니다. 승패를 떠나 친구들과 하나가 되어 땀과 웃음을 나누었던 그 경험은 협력과 우정의 소중함을 느끼게 해주었습니다.

1학년 때 국어 시간에 했던 낭독극 활동도 잊을 수 없습니다. 처음에는 무대에 서는 것이 부끄럽고 떨렸지만, 친구들과 역할을 나누고 대사를 연습하면서 점점 자신감이 생겼습니다. 무대 위에서 서로의 목소리가 어우러지고, 이야기가 살아나는 순간 느꼈던 뿌듯함은 지금도 내 마음속에 남아 있습니다.

2학년 때 다녀온 에버랜드 체험학습도 빼놓을 수 없습니다. 놀이기구를 타며 함께 웃고, 사진을 찍으며 추억을 쌓던 그날은 학업에서 잠시 벗어나 친구들과 마음껏 즐길 수 있었던 소중한 시간이었습니다. 하루 종일

이어진 웃음과 즐거움은 나를 더 활기차게 만들었고, 친구들과의 관계도 한층 가까워지게 해주었습니다.

 3학년 수학 시간에는 김태화 선생님과 함께 'Orderly Triangle'을 만들었던 특별한 기억이 있습니다. 처음에는 복잡하고 어려워 보였지만, 선생님의 차분하고 이해하기 쉬운 설명 덕분에 한 줄 한 줄 삼각형이 완성되

는 과정을 따라갈 수 있었습니다. 무엇보다 김태화 선생님께서 수업뿐만 아니라 학교생활에서도 잘 챙겨주시고, 작은 성취에도 칭찬과 격려를 아끼지 않으셨기에 더 자신감을 가지고 도전할 수 있었습니다. 완성된 삼각형을 보며 수학 속 규칙이 만들어내는 아름다움을 느꼈고, 그때의 성취감은 오래도록 잊히지 않을 것입니다.

그리고 3학년 일본 수학여행은 내게 새로운 세상을 보여준 경험이었습니다. 수업 시간에만 배우던 일본 문화를 직접 보고, 현지 사람들과 소통하며 다른 나라의 생활 방식을 느낄 수 있었습니다. 그곳에서의 하루하루는 시야를 넓히고, 다양한 가치관을 이해하는 데 큰 도움이 되었습니다.

이렇게 중학교 3년 동안의 다양한 활동과 경험들은 내게 배움의 즐거움과 함께 사람들과의 소중한 인연을 만들어 주었습니다. 혁신학교에서의 생활은 단순한 공부를 넘어, 나를 더 성장시키고 세상을 바라보는 눈을 넓혀준 값진 시간이었습니다.

나를 만든 시간들

김나경
(38회 졸업생)

1학년 때 나는 음악 수업을 특히 좋아했다. 그 시절의 나는 음악실 문을 열고 들어가는 순간부터 마음이 두근거렸다. 특히 음악 선생님께서는 항상 환한 미소로 우리를 맞아 주셨다. 단순히 악보와 음정을 가르치는 수업이 아니라, 함께 떠들며 재밌게 수업을 해서 더욱 특별했다. 그래서인지 음악 시간만큼은 하루 중 가장 기다려지는 순간이었다.

2학년이 되었을 때는 새로운 경험들이 많았다. 봄에는 친구들과 함께 체험학습을 다녀왔는데, 버스 안에서 먹고 웃고 떠들며 보낸 시간이 아직도 생생하다. 우리는 서로를 더 잘 알게 되었고 우정도 깊어졌다. 그해 학교에서 진행한 융합수업도 잊을 수 없다. 수학과 과학, 미술이 하나로 이어지는 신선한 수업 방식은 흥미로웠다. 평소와 다른 방식으로 배우니 수업이 훨씬 재미있었고, '공부'라는 것이 단순히 책 속의 글자가 아니라, 세상과 연결되는 다리라는 걸 느낄 수 있었다.

3학년이 되었을 때, 가장 큰 추억은 단연 일본으로 간 수학여행이었다. 비행기를 타고 낯선 땅에 발을 내디뎠을 때의 설렘과 떨림은 말로 다 표

현하기 어렵다. 좁은 골목길에 늘어선 가게들, 우리가 함께 맛본 따끈한 음식, 그리고 밤마다 숙소에서 나누던 대화까지 모든 순간이 특별했다. 친구들과 찍은 사진 한 장 한 장이, 그때의 웃음과 온기를 그대로 담고 있는 것 같다.

물론 모든 날이 웃음으로만 가득했던 건 아니다. 체육대회 날, 하필 비가 내려 예정된 경기를 끝까지 하지 못했던 일은 지금도 조금 아쉽다. 하지만 그날 비를 맞으며 함께 웃고 장난치던 기억은, 또 다른 방식으로 우리 마음속에 남아 있다.

돌아보면, 학교 생활은 마치 한 권의 책과 같았다. 설레는 첫 장, 새로운 경험이 가득한 중간 장, 그리고 조금은 아쉬운 마지막 장까지. 그 안에는 웃음과 설렘, 그리고 때로는 작은 아쉬움이 함께 담겨 있었다. 이곳에서의 추억들은 앞으로 내가 걸어갈 길 위에서 힘이 되어줄 것이다. 나는 그 모든 시간을, 평생 잊지 않고 마음속 깊이 간직할 것이다.

나의 인지중학교

박성희

(38회 졸업생)

　인지중학교 졸업생으로서 중학교 시절을 떠올리면, 아직도 선명하게 기억나는 장면들이 많은 것 같습니다. 처음 인지중학교에 입학했을 때의 설렘, 그리고 조금은 낯설었던 환경들이 아직도 생생합니다. 매일 아침 학교 가기 싫다고 생각하고 막상 가서는 웃고 떠들던 시간들이 엊그제 같은데 벌써 졸업을 하고 이제는 고등학생이라는 것에 시간이 참 빠르다고 느껴집니다.

　중학교 생활 동안 수많은 추억들이 있었는데, 친구들과 함께했던 기억들이 많이 떠오르는 것 같습니다. 친구들과 시험 문제들을 서로 내주던 일, 4교시 끝나는 종이 울리면 바로 급식을 먹으려고 뛰어가던 일, 선후배들과 함께했던 방송부 활동 등 많은 추억들이 있었던 거 같습니다. 1학년 때 미술시간에 모둠 활동으로 책의 뒷 이야기를 상상해 글을 쓴 저희만의 이야기를 모아서 실제 책으로 만들어진 경험도 신기했습니다. 총학생회와 리더십 캠프를 가서 재미있게 놀고 한 층 더 성장하는 경험도 뜻깊게 남아있습니다.

　특히 기억에 남는 건 3학년 때 간 수학여행과 3년간의 방송부 활동입니다. 일본에서 그 나라의 학생들과 직접 이야기 해보고 게임도 하며 교류했던 기억이 생생하게 떠오릅니다. 버스 안에서 창 밖을 바라보며 이야기하던 시간, 일본 편의점에서 산 간식들을 먹으며 웃고 떠들던 밤… 모든 순간이 따뜻하고 행복하게 남아 있습니다. 3년간 활동한 방송부 생활은 누구보다 재미있었습니다. 가끔 혼날 때도 있었지만 행사가 끝나고 모두 모여서 하는 회식과 잠깐 쉬는 시간에 했던 대화 하나하나가 좋은 추억으로 기억됩니다.

　그리고 그 시절을 함께해 주셨던 선생님들 역시 제 기억 속의 소중한 한 부분입니다. 인지중에 계셨던 선생님분들 모두 훌륭하시고 학생들에게 좋은 영향력을 주시는 선생님들이셨습니다. 나는 그 중에서도 중학교 1학년 때 국어를 가르쳐주셨던 김연미 선생님이 가장 기억에 남습니다. 처음에는 되게 밝고 재밌는 선생님으로 생각했지만, 선생님의 수업을 듣고, 대화 하면서 점점 선생님이 멋있다고 느껴졌습니다. 선생님을 통해서 날마다 성장하는 나를 보게 되었습니다. 선생님을 만나고 1년이 지나 나도 그런 어른이 되고 싶다고 느꼈고, 그때부터 교사라는 직업을 꿈꾸게 되었습니다. "너는 뭐든지 열심히 할 수 있다"는 선생님의 말을 떠올리며 지금도 그 길을 향해 걸어가고 있습니다

중학교 3년은 길다면 길고, 짧다면 짧은 시간이지만, 나에게는 귀하고 소중한 시기였습니다. 인지중학교가 혁신학교 운영 10주년 기념으로, 이 글을 쓰며 다시 한 번 그 시절을 떠올릴 수 있어서 행복했고, 앞으로 인지중학교에서 나처럼 소중한 기억을 만들어갈 많은 후배들이 있기를 바랍니다. 선생님께도, 인지중학교에도 감사드리며 혁신학교 운영 10주년 진심으로 축하드립니다.

3부
함께, 인지!

> **" 나의 혁신학교, 어울림 캠프 "**
>
> 학부모들이 학교의 교육활동에
> 직접 참여하고 체험하며 학교와 가정이 함께
> 아이의 성장을 지켜보는 진정한 교육 동반자가 되었습니다.
> 이는 혁신학교 10년이 이룩한 중요한 성과라고 생각합니다.
> 학교는 더 이상 지식을 전달하는 곳에 머무르지 않고,
> 아이와 교사, 학부모, 지역사회가 함께 성장하는
> 살아 있는 배움터로 변화했습니다.

함께 그린 벽화, 마음에 남은 그림

학부모회 이은아

(2023.3.1~2025.현재)

　큰아이와 작은아이를 모두 인지중학교에 보내면서 학교에 작은 도움이 되고자 학부모회 활동을 하였습니다. 수년간 다양한 활동을 하였지만 2023학년도 학부모회 활동 하나가 가장 깊이 남아 있습니다. 바로 교육가족 '벽화그리기' 입니다. 처음 '벽화'라는 이야기가 나왔을 때는 솔직히 조금 막막했습니다. 과연 우리가 잘할 수 있을까, 또 시간이 허락될까 하는 생각이 앞섰습니다. 하지만 아이들과 선생님들, 학부모들이 함께하자는 말에 마음이 움직였습니다. '우리 손으로 학교를 더 아름답게 만들 수 있다면 얼마나 뜻깊을까?'라는 기대가 어느새 걱정을 밀어내고 있었습니다.

　처음 모여 앉아 어떤 그림을 그릴지 상의하던 날, 모두의 눈빛은 반짝였습니다. 아이들은 자신들의 꿈과 희망을 그리고 싶다고 했고, 선생님들은 학교와 마을이 함께 어울리는 모습을 담자고 하셨습니다. 의견을 모으는 과정에서 웃음도 많았고, 서로 다른 생각이 부딪히기도 했지만, 그 안에서 '우리 학교만의 색깔'을 찾아가는 시간이 참 소중했습니다.

본격적으로 벽화를 그리기 시작한 건 따스한 햇살이 내리쬐던 5월의 어느 주말이었습니다. 팔 걷어붙이고 물감을 풀며 첫 붓질을 하던 순간의 두근거림은 아직도 생생합니다. 아이들은 옷에 물감을 묻히며 까르르 웃었고, 어른들은 서툴지만 정성스러운 손길로 색을 더했습니다. 땀이 흐르고 팔이 아파도 함께 웃으며 그림을 이어갔습니다. 점심이 되면 학교에서 준비해주신 도시락을 나눠 먹으며 담소를 나누었는데, 그 소박한 식사마저도 축제처럼 즐거웠습니다.

며칠, 몇 주가 쌓여 벽화는 점점 완성되어 갔습니다. 하얗던 벽은 어느새 아이들의 꿈, 학교의 희망, 우리 공동체의 이야기를 담은 한 폭의 그림으로 바뀌었습니다. 완성된 벽화를 처음 마주했을 때, 모두가 숨을 죽이고 바라보다가 박수와 환호를 터뜨렸습니다. 그 순간의 벅찬 감동은 지금도 잊히지 않습니다. 힘들었던 시간들이 눈 녹듯 사라지고, 그 자리에 '우리가 함께 해냈다'는 뿌듯함이 가득 차올랐습니다.

학부모회
벽화 그리기

지금도 학교를 지나다 완성된 벽화를 볼 때면 그날의 기억이 되살아납니다. 물감 냄새, 웃음소리, 도시락의 따뜻한 맛, 그리고 함께한 손길들의 온기. 그 벽화는 단순한 그림이 아니라, 우리가 함께 땀 흘리고 웃으며 만들어 낸 '우리 공동체의 상징'입니다. 시간이 흘러도 그 그림은 사라지지 않고, 보는 이의 마음에 따뜻한 울림을 주리라 믿습니다.

학부모회 활동을 하며 많은 일들을 경험했지만, 벽화 그리기는 특별했습니다. 그곳에는 아이들과 학부모, 선생님이 한마음으로 모여 만들어낸 이야기와 추억이 고스란히 담겨 있기 때문입니다. 나는 앞으로도 학교에 갈 때마다, 그 벽화를 바라보며 다시금 그때의 설렘과 보람을 떠올리게 될 것입니다.

나의 혁신학교, 어울림 캠프

학부모 원지혜

(2023.3.1.~2025.현재)

2024년, 인지중학교에서 처음으로 진행된 어울림 캠프는 단순한 학교 행사 그 이상이었습니다. 학부모로서 그 자리에 함께하며, 지난 10년간 혁신학교가 우리 아이들과 학교 공동체에 가져온 변화를 몸소 확인할 수 있었습니다.

무엇보다 인상 깊었던 것은 세대와 역할을 넘어 모두가 하나의 공동체가 되었다는 점입니다. 학생들은 학년 구분 없이 팀을 이루어 서로를 도우며 텐트를 설치하고, 각자의 개성을 담아 머그컵을 만들고, 정성껏 요리한 음식을 함께 나누었습니다. 이 과정에서 아이들은 자연스럽게 협력과 배려, 책임감을 배우며 성장하는 모습을 보여주었습니다. 학부모 또한 교실 밖에서 아이들의 진짜 얼굴을 마주하며, 그동안 학교가 추구해온 '민주적 문화'와 '함께 배우는 교육'이 결코 추상적인 구호가 아니라는 것을 실감했습니다.

보물찾기와 같은 활동에서는 아이들이 몰입하여 도전하고 협력하는 모습이 드러났습니다. 성적이나 순위를 넘어, 아이들이 스스로 문제를 해결

어울림 캠프 - 다함께 점심시간   어울림 캠프 - 나만의 머그컵 만들기

하고 성취감을 느끼는 경험을 통해 혁신학교가 강조해온 자기 주도적 학습과 공동체적 성장이 실제로 구현되고 있음을 확인할 수 있었습니다. 이런 장면들은 그동안의 혁신 교육이 아이들의 내면에 뿌리내려 온 결과라 생각됩니다.

이전에는 학교생활을 알림장이나 성적표로만 알 수 있었던 학부모들이 이제는 학교의 교육활동에 직접 참여하고 체험하며 학교와 가정이 함께 아이의 성장을 지켜보는 진정한 교육 동반자가 되었습니다. 이는 혁신학교 10년이 이룩한 중요한 성과라고 생각합니다. 학교는 더 이상 지식을 전달하는 곳에 머무르지 않고, 아이와 교사, 학부모, 지역사회가 함께 성장하는 살아 있는 배움터로 변화했습니다.

이번 어울림 캠프를 통해 저는 혁신학교의 성과를 두 가지로 정리하고 싶습니다. 첫째, 아이들의 성장이 삶의 경험과 연결되어 있다는 것입니다. 교과와 체험, 놀이와 협력이 통합된 경험 속에서 아이들은 삶을 배우고 사람답게 성장합니다. 둘째, 학교가 지역과 가정을 품는 열린 공동체로 거듭났다는 것입니다. 학부모가 단순한 참관자가 아니라 함께 배우고 공감하는 주체로 서게 되었다는 점은 혁신학교가 만들어낸 큰 변화입니다.

앞으로도 인지중학교의 아이들이 주도적으로 기획하고 참여하는 배움의 장이 더 많이 마련되기를 바랍니다. 혁신학교의 10년은 단순한 성과의 기록이 아니라, 앞으로의 10년을 준비하는 든든한 기반이라 생각합니다. 학부모로서 이 변화의 길에 함께할 수 있다는 사실이 매우 뜻깊고 감사할 따름입니다.

떴다! 푸드트럭!

학부모회장 정미연

(2024.3.1.~2025.현재)

아이들의 환호와 응원의 목소리가 가득했던 5월의 체육대회.

올해 체육대회를 준비하면서 학부모회는 "아이들과 함께 즐길 수 있는 특별한 방법은 없을까?"를 고민하였습니다. 그 과정에서 나온 아이디어가 바로 푸드트럭 운영이었습니다. 다행히 혁신학교 프로그램과 학부모회 운영비 지원을 통해 이 계획은 현실이 되었고, 학부모들은 현수막 문구와 메뉴 선정 과정에 기쁜 마음으로 참여할 수 있었습니다.

체육대회만으로도 설레는 날, 급식실 앞에 화려하게 등장한 푸드트럭을 본 아이들은 더욱 신나고 행복한 표정을 지었습니다. 여러 학부모님들의 적극적인 참여 덕분에 츄러스차와 음료차 두 대를 운영할 수 있었고, 덕분에 체육대회는 한층 풍성하고 특별한 축제가 되었습니다.

학생들이 한꺼번에 몰려드는 순간에도 아이들은 차례를 지켜가며 질서 있게 줄을 섰고, 정성껏 준비된 간식을 받아 들고 즐겁게 웃는 모습에서 뿌듯함이 느껴졌습니다. 아이들의 만족스러운 반응은 뜨거웠고, 함께했던 학부모들 역시 서로 응원하며 보람과 즐거움을 나눌 수 있었습니다.

　푸드트럭 운영은 단순히 간식을 제공하는 활동을 넘어, 학교와 학부모, 학생이 함께 만들어가는 공동체 문화를 보여 준 의미 있는 경험이었습니다. 혁신학교가 지향해 온 민주적 참여와 협력, 모두가 행복한 배움터의 정신이 체육대회 속에서 실현된 소중한 사례라 할 수 있습니다.

　학부모로서 아이들과 함께 웃고 즐길 수 있었던 이 경험은 단순한 이벤트가 아니라, 우리 학교가 지난 10년 동안 꾸준히 만들어 온 혁신의 성과가 생활 속에서 열매 맺은 순간이었습니다. 앞으로도 이런 경험들이 계속 이어져, 우리 아이들의 학교생활이 더 행복하고 의미 있게 채워지기를 기대합니다.

체육 대회, 그 특별한 하루

학부모 최수미

(2023.3.1.~2025. 현재)

학부모로서 처음으로 참여한 중학교 체육대회는 그 자체로 설레는 날이었습니다. 특히 올해는 학부모회가 함께하는 날이어서 더 큰 의미를 갖고 학교로 향했습니다. 사실 저 역시 아이들 못지않게 기대되었던 이유가 있었는데, 바로 체육대회를 응원하기 위해 준비된 푸드트럭 때문이었습니다.

체육대회가 한창 열기를 더해 가던 시각, 츄러스와 음료를 가득 실은 간식차 두 대가 학교로 들어섰습니다. 형형색색의 현수막과 맛있는 향기를 풍기며 등장한 푸드트럭은 아이들에게는 깜짝 선물 같았고, 학부모인 저에게도 마음이 두근거리는 순간이었습니다. 아이들의 환호와 웃음소리가 운동장을 가득 메우자, 체육대회는 단순한 스포츠 행사를 넘어 모두가 즐기는 축제의 장으로 변했습니다.

아이들은 뜨거운 햇살 아래에서 구슬땀을 흘리며 경기에 집중했고, 그 모습을 바라보던 나도 어느새 중학생 시절로 돌아간 듯 목이 쉬도록 "화이팅!"을 외치고 있었습니다. 경기가 끝난 뒤 차례를 지켜가며 간식을 받아 드는 아이들의 얼굴에는 성취와 만족이 함께 담겨 있었습니다. 집으로 돌아온 후, 뛰지도 않았는데 온몸이 뻐근하게 느껴졌던 것은 아마도 그날의 열정과 몰입이 내 몸에까지 스며들었기 때문일 것입니다. 그 생각에 절로 웃음이 났습니다.

이번 체육대회에서의 푸드트럭 운영은 단순히 간식을 제공하는 차원을 넘어 학교와 학부모, 학생이 함께 어울려 만들어낸 공동체의 축제이며 학교와 가정이 함께 아이들의 성장을 응원하는 혁신학교 문화를 보여 준 상징적인 경험이었습니다.

학부모로서 아이들의 열정과 웃음을 곁에서 지켜볼 수 있었던 이 경험은 단순한 하루의 추억을 넘어, 혁신학교가 쌓아 온 10년의 성과와 의미를 보여 주는 특별한 장면으로 제 마음에 깊이 남아 있습니다. 앞으로도 이러한 경험들이 이어져, 우리 아이들의 학교생활이 더욱 풍요롭고 행복하게 채워지기를 간절히 기대합니다.

시 쓰기 수업 활동 후 배움 성장 소감문
— 1학년 국어 시간

지도교사: 김지영

나는 시를 배우며 '비유'에 대해 배웠다. 비유는 표현하고자 하는 대상을 다른 대상에 빗대어 표현하는 방법으로, 직유법과 은유법 같은 여러 가지가 있다. 선생님께서 유명한 시에 나오는 비유를 찾아보게 하셨는데, 내가 특히 기억에 남고 재미있었던 것은 「내 마음은 호수요」라는 시에서 은유법을 찾은 것이다. 이 시를 통해 마음속의 생각이나 느낌을 은유로 담은 표현을 배울 수 있었다.

또 시에서 자주 쓰이는 '심상'에 대해서도 배웠다. 심상은 시 속에 있는 장면이나 느낌을 떠오르게 하는 표현이다. 총 여섯 가지의 심상이 있는데, 청각적 심상, 시각적 심상, 후각적 심상, 미각적 심상, 촉각적 심상, 공감각적 심상이다. 심상을 배우면서 어떤 심상이 어떤 감각에 맞춰지는지 배우는 것이 무척 재미있었다. 시를 읽으며 상징도 함께 배웠고, 시조 「오우가」에 대해서도 알게 되었다.

시조는 고려 중엽에 생겨 조선시대 전성기를 거쳐 지금까지 이어지는 우리 고유의 전통적인 정형시이다. 나는 시조까지 배운 뒤 직접 시를 적어 보았다. 시를 적을 때 어떤 시를 적어야 할지, 다른 사람이 봤을 때 비유가 잘 드러날지 고민하며 정성껏 시를 완성했다. 다 쓰고 나서 선생님께서 "비유가 잘 드러났고 운율도 잘 나타나 있다"고 칭찬해 주셔서 기분이 더욱 좋아졌다.

— 김은혜(1106)

어릴 때부터 시를 쓰는 취미가 있었는데, 이번 수업을 통해 시에 대해 더 많이 알게 되어 정말 좋았다. 특히 '운율'이 중요하다는 것을 더 깊이 깨닫게 되었다. 시에는 리듬이 있다는 것이 신기했고, 그 부분이 재미있었다.

'햄스터 애기'에 관한 시를 쓸 때 친구들은 다 '햄스터는 하얗다', '햄스터를 보면 행복하다' 등 긍정적인 내용으로 표현했지만, 나는 내가 키우던 햄스터 '애기'를 통해 따뜻한 애기의 품, 다정함, 그리고 슬픔까지도 떠올렸다. 실제로 내 시 속에 그런 내용을 담았고, 그 마음을 시로 드러내는 경험은 정말 특별했다.

시를 쓰면서 햄스터 애기가 떠올랐다. 애기와 있었던 소중한 순간들이 생각났고, 그 기억들이 자연스럽게 시 속에 스며들었다. 애기가 아팠을 때 눈물 흘리던 내 모습, 애기와의 즐거웠던 일상 등 떠오르는 장면들이 많았다. 그런 기억들을 생각하며 시를 썼고, 처음에는 어색했지만 점점 진심이 담기기 시작했다.

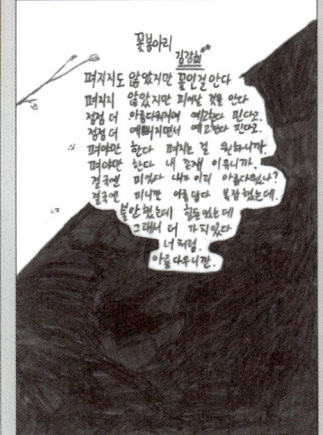
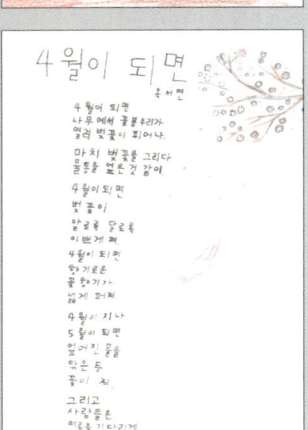

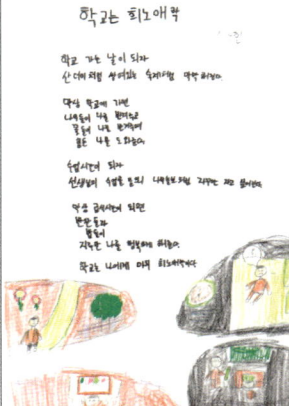

시 낭송 대회를 준비하며, 매일 노력을 기울였다. 처음엔 떨리고 자신 없었지만, 열심히 연습하고 그림까지 곁들이며 표현하려고 노력했다. 결국 낭송하던 중 반 친구들 앞에서 울고 말았는데, 그만큼 시에 감정이 많이 담겨 있었던 것 같다. 시를 쓸 때는 잘 썼는지 몰랐는데, 선생님께서 칭찬을 많이 해 주셔서 기분이 좋았다.

— 최소현(1222)

나는 시 쓰기 활동 중 '운율'에 대해 처음 알게 되었고, 그 점이 가장 재미있었다. 시에 운율이 있다는 것이 신기했고, 그 운율 덕분에 시가 더 흥미롭고 생동감 있게 느껴졌다. 시를 재미있게 잘 쓰려면 운율이 중요하다는 점을 알게 되어, 앞으로 시를 쓸 때 이 부분을 더 신경 써야겠다고 생각했다.

또한 운율을 배우면서 시조의 형식에 대해서도 배웠다. 시조는 총 3장 6구 4음보로 구성되어 있는데, 그 형식에 맞춰 시를 쓰는 것이 흥미로웠다. 시조를 쓸 때는 형식과 운율을 맞춰야 하기에 더욱 집중하며 쓰게 되었고, 그런 점이 시조를 더욱 특별하게 느껴지게 만들었다.

시를 쓸 때 어떤 마음을 담을지, 또 그 마음을 어떻게 표현할지를 고민하면서, 시가 단순한 글이 아니라 감정을 담는 예술이라는 것도 알게 되었다. 시를 새롭게 쓰면서 배운 운율과 시조의 형식을 떠올리며, 나만의 시를 만드는 일이 즐겁고 의미 있었다.

이번 시 쓰기 활동을 통해 나는 시의 구성과 표현 방법을 배우며, 시가 단순한 글이 아니라 마음을 표현하는 중요한 수단이라는 것을 느꼈다. 앞으로도 내가 느낀 감정을 다양한 표현으로 담아낼 수 있도록 더 많이 시를 쓰고 싶다. 시를 쓸 때 느낌이나 마음을 솔직하게 적는 것이 중요하다는 것도 알게 되었다.

― **박연서(1110)**

2025년 학생회장으로서의 다짐

장은찬
(2학년)

　안녕하세요. 인지중학교 2학년 2반, 학생회장으로 당선된 장은찬입니다. 먼저 믿고 응원해주신 모든 학우 여러분께 진심으로 감사의 말씀을 드립니다.

　나는 우리 학교의 가장 큰 장점이 자유롭고 따뜻한 분위기 속에서 서로 협력하며 살아가는 친구들의 모습이라고 생각합니다. 착하고 봉사심 많은 학우들, 그리고 언제나 열정과 사랑으로 지도해주시는 선생님들이 계시기에 인지중학교는 늘 행복한 배움터가 됩니다. 나 역시 그런 학교의 일원이라는 것이 자랑스럽습니다.

　이번 선거에 출마하면서 나는 다섯 가지 공약을 내세웠습니다. 첫째, 학생들이 자주 필요로 하는 머리끈과 안경닦이를 비치하여 생활 속 편의를 높이고자 합니다. 둘째, 스포츠리그를 개최해 모두가 즐길 수 있는 건강한 경쟁의 장을 만들겠습니다. 셋째, 목요일마다 학년별로 체육관을 돌아가며 사용할 수 있도록 하여 공정한 기회를 보장하겠습니다. 넷째, 스너글과 패브리즈를 비치해 쾌적한 환경에서 생활할 수 있도록 돕겠습니

학생회장 선거공약　　　　민주주의 축제 — 학생회장 선거

다. 다섯째, 학생들이 참여할 수 있는 다양한 캠페인과 행사를 개최해 모두가 주인공이 되는 학교 문화를 만들어가겠습니다.

　나는 인지중학교 학생회의 가장 큰 자랑은 학생들이 원하는 것이 무엇인지 먼저 파악하고, 그 의견을 반영하여 문제를 해결해 나가는 점이라고 생각합니다. 그래서 모든 학우들과 소통하고 협력하며 더 나은 학교를 만들어가는 학생회장이 되고 싶습니다.

　임기 동안 추진하고 싶은 행사는 스승의 날 기념행사, 한글날 기념 활동, 그리고 모두가 참여할 수 있는 골든벨 대회입니다. 이 행사를 통해 선생님과 학생이 서로 존중하는 마음을 나누고, 우리말과 문화의 가치를 되새기며, 즐겁게 배우고 성장하는 경험을 함께하고 싶습니다.

임기가 끝났을 때, 학우들에게 "가장 활동적이고, 열심히 학생들의 의견을 반영했던 학생회"로 기억되고 싶습니다. 나 혼자만의 학생회장이 아니라, 모든 학우들과 함께 만들어가는 학생회장이 되고 싶습니다.

마지막으로 학우 여러분께 전하고 싶은 말이 있습니다. 언제든 편하게 학생회에 다가와 의견을 말해 주세요. 여러분이 바라는 것이 곧 더 행복한 학교를 만드는 씨앗이 될 것입니다. 나는 그 씨앗이 잘 자랄 수 있도록 늘 곁에서 물을 주고, 빛을 비추는 역할을 하겠습니다.

앞으로도 모두가 웃으며 다니는 인지중학교, 따뜻하고 활기찬 인지중학교를 만들기 위해 최선을 다하겠습니다. 감사합니다.

사제동행 문화예술 동아리 활동 소감문

유승미
(2학년)

　올해 사제동행 문화예술 동아리 활동으로 여러 가지 공예와 체험을 하게 되었는데, 솔직히 처음엔 '이걸 내가 잘할 수 있을까?' 하는 걱정부터 앞섰다. 은공예 목걸이를 만들 때는 작은 망치질 하나에도 집중해야 했고, 조금만 잘못 두드리면 모양이 삐뚤어져 버려서 마음이 조마조마했다. 실제로 내 목걸이도 매끄럽게 나오지 않아서 속상하기도 했지만, 옆에서 같이 도전하는 친구들을 보면서 '나만 그런 게 아니구나'라는 안도감이 들었다. 손가락도 얼얼하고 힘들었지만, 그 과정을 함께 웃으며 견뎌낸 것이 오히려 오래 기억에 남는다.

　가죽공예 활동에서는 이니셜을 새기는데, 처음에는 도구를 제대로 잡는 법조차 몰라서 엉뚱한 자리에 찍기도 했다. 선생님이 옆에서 차근차근 도와주시고, 친구들이 "괜찮아, 다시 하면 돼"라며 웃어준 덕분에 마음이 편해졌다. 그렇게 완성된 나만의 필통은 완벽하지는 않지만 세상에 단 하나뿐이라는 사실이 뿌듯했다. '실수도 결국 나만의 흔적이구나'라는 생각이 들어서 더 애착이 간다.

도자기 페인팅 시간도 즐거웠다. 접시에 그림을 그리면서 색칠이 번져 나가 당황했는데, 그마저도 독특한 무늬처럼 보여서 재미있었다. 옆자리 친구와 "이건 의도된 디자인이야!" 하며 웃었던 순간이 잊히지 않는다. 완성된 접시와 컵을 보면서 내가 손수 만든 물건을 집에서 쓸 수 있다는 사실에 성취감이 밀려왔다.

가장 특별했던 순간은 전주한옥마을 체험이었다. 전통 한복을 입고 거리를 걸으니 마치 시간이 거꾸로 흐른 듯했다. 친구들과 사진도 찍고, 선생님과 함께 콩나물국밥을 먹으며 이야기 나눈 시간은 여행 같으면서도 더 따뜻했다. 평소 학교에서 보던 모습과는 다른, 편안하고 웃음 많은 선생님들의 모습이 인상 깊었다.

마지막으로 초코파이 만들기 체험에서는 다 같이 초콜릿을 묻히고, 크림을 바르며 장난치느라 웃음이 끊이지 않았다. 손이 엉망이 되었지만, 달콤한 향과 웃음소리로 가득했던 그 순간이 행복했다.

이번 동아리 활동을 통해 실수도 많이 했고 손가락도 아팠지만, 혼자가 아니라 친구들과 선생님과 함께했기에 즐거운 추억이 되었다. 결과물보다도 그 과정을 함께 나눈 시간이 더 소중하다는 걸 느꼈다. 이 활동은 단순한 체험이 아니라, 서로의 마음이 가까워지는 시간이었고, 앞으로도 이런 추억이 이어졌으면 좋겠다.

사제동행 문화예술 동아리 활동 소감문

남궁하은

(2학년)

처음 '사제동행 문화예술 동아리' 활동을 시작할 때는 '잘할 수 있을까?' 하는 두려움이 있었다. 하지만 지금은 그때의 경험들이 모두 보물처럼 남아 있다. 그 중에서도 은공예 목걸이는 나에게 특별하다. 은판을 두드리며 만드는 과정이 쉽지는 않았고 손끝이 아팠지만, 완성된 목걸이를 지금도 자주 착용한다. 거울 속에서 반짝이는 목걸이를 볼 때마다 그날의 땀과 웃음이 다시 느껴진다. 내가 직접 만든 물건을 실제로 사용한다는 사실이 큰 자부심을 준다.

도자기 페인팅 활동에서는 꽃무늬 접시를 만들었다. 처음에는 붓이 뜻대로 움직이지 않아 속상했는데, 완성하고 보니 예상보다 훨씬 예쁘게 나왔다. 지금도 집에서 과일을 담아 먹을 때 그 접시를 사용하는데, 가족들이 접시를 볼 때마다 "네가 만든 거라서 더 특별하다"라고 말씀해주신다. 단순히 '만들고 끝나는 체험'이 아니라, 생활 속에서 늘 쓰이고 기억되는 작품이라는 점이 뿌듯하다.

가죽공예 활동은 나에게 가장 재미있었던 시간 중 하나였다. 원래 바느질하는 걸 좋아하는데, 가죽을 실로 꿰매고 붙이는 과정이 생각보다 재미

있었다. 손이 아프긴 했지만, 점점 모양이 잡히면서 성취감이 느껴졌다. 특히 마지막에 내 이니셜을 새겨 넣으니, 필통이 단순한 물건이 아니라 '나만의 작품'이 되었다. 시간이 지나도 절대 버릴 수 없는 특별한 가치가 있다고 생각한다.

이 모든 활동 속에서 또 하나 소중했던 건, 친구들과의 관계가 더 가까워졌다는 것이다. 평소엔 잘 몰랐던 친구와 같은 테이블에서 함께 실수를 하고 웃으며 대화하다 보니, 금세 친해졌다. 또 선생님과도 수업 시간에는 하지 못했던 이야기를 나누며 더 가까워질 수 있었다. 전주한옥마을에서 한복을 입고 사진을 찍고, 함께 콩나물국밥을 먹으며 나눈 대화는 오래 기억에 남는다. 그날의 따뜻하고 유쾌한 분위기는 나를 오랫동안 행복하게 만들 것 같다.

돌아보면, 이번 동아리 활동은 단순히 공예를 배우는 경험이 아니라, 함께하는 사람들과 마음을 나누고 추억을 쌓는 시간이었다. 목걸이, 꽃접시, 가죽 필통은 결과물이지만, 사실 그 안에 담긴 건 '사람들 사이의 이야기'다. 그래서 이 활동은 나에게 물건 이상의 의미를 남겼고, 앞으로도 이 소중한 기억은 오래도록 내 마음속에 살아 있을 것이다.

인지 별별 상상 마을 학교 활동기

김지원
(2학년)

　지난 몇 주 동안 아주 특별한 경험을 했습니다. 바로 인지면 주민자치센터에서 진행된 전통문화교실 활동에 참여한 것입니다. 우리 서산 행복마을학교에서 운영하는 인지 별별 상상 마을 학교라는 프로그램을 통해 13명의 친구들과 함께 전통염색과 한지공예를 총 6번, 매주 수요일마다 배울 수 있었습니다. 새로운 장소에서 새로운 사람들과 만나 배우는 시간이어서 더욱 설레고 기대가 되었습니다.

　첫 시간에는 천연 염색을 했습니다. 분홍빛 염료에 손수건을 담가 물들이는 활동이었는데, 생각보다 무늬를 예쁘게 내는 것이 쉽지 않았습니다. 꼬고 묶고 고정시키는 과정에서 손이 엉키고 모양이 잘 잡히지 않아 조금 아쉬웠습니다. 또 염색을 마친 뒤에는 염료가 잘 빠지도록 손수건을 깨끗하게 행궈야 했는데, 그 과정도 만만치 않았습니다. 그래도 물기를 털어내고 햇빛 아래에서 바라본 분홍빛 손수건은 너무 예뻤습니다. 비록 제가 의도했던 무늬는 잘 나오지 않았지만, 세상에 하나뿐인 나만의 작품을 완성했다는 사실이 뿌듯했습니다.

무엇보다 기억에 남는 건 내 손가락이 진하게 분홍색으로 물들었던 순간입니다. 친구들의 손도 마찬가지여서 서로 손을 내밀며 깔깔 웃었습니다. "너 손가락이 꽃잎 같다", "내 손은 마치 딸기 같다"라며 서로 농담을 주고받았고, 웃음꽃이 피어났습니다. 완성된 손수건을 서로 자랑하고 구경하며 칭찬을 주고받던 그 순간은 아직도 내 마음속에 따뜻하게 남아 있습니다.

그다음 활동은 한지 공예였습니다. 부드럽고 질감이 독특한 한지를 이용해 여러 가지 작품을 만들었는데, 나는 작은 서랍장 같은 소품을 완성했습니다. 종이를 붙이고 꾸미는 과정에 집중하다 보니 시간이 훌쩍 지나갔습니다. 무엇보다 선생님과 도란도란 대화하며 배우는 시간이 즐거웠습니다. 선생님께서는 우리가 조금 서툴러도 "잘하고 있다"며 격려해 주셨고, 덕분에 긴장하지 않고 편안하게 참여할 수 있었습니다. 손끝에서 점점 형태가 잡혀가는 작품을 보며 신기하기도 하고 성취감도 느낄 수 있었습니다.

이번 활동은 단순히 무언가를 만드는 것을 넘어, 함께 웃고 배울 수 있는 소중한 경험이었습니다. 학교 교실을 벗어나 마을 주민들과 함께 어울리고, 전통문화를 직접 체험하면서 우리 고유의 아름다움을 새삼 느낄 수 있었습니다. 또 친구들과 협력하고 서로를 응원하면서 공동체의 따뜻함도 경험할 수 있었습니다.

앞으로도 이런 기회가 자주 열렸으면 좋겠습니다. 짧지만 알찬 시간 동안 나는 단순한 기술뿐 아니라 함께하는 즐거움, 나눔의 기쁨을 배웠습니다. 이번 경험을 통해 내 마음에도 '행복한 마을 학교'의 씨앗이 심어졌다고 생각합니다. 앞으로 그 씨앗이 자라 큰 나무가 되기를 바라봅니다.

인지 별별 상상 마을 학교 체험기

맹다윤

(2학년)

　나는 올해 아주 특별한 경험을 하게 되었습니다. 바로 인지 별별 상상 마을 학교에서 진행된 전통문화교실 활동입니다. 매주 수요일마다 친구들과 함께 새로운 전통문화를 배워가며, 학교에서만 얻을 수 없는 특별한 시간을 보냈습니다. 특히 손수건 천연 염색과 한지 공예활동이 내 마음속에 오래 기억에 남을 것 같습니다.

　먼저 손수건 천연 염색 수업이 있었습니다. 이번에는 단순히 색만 입히는 것이 아니라, 고무줄을 이용해 직접 무늬를 만들어보는 활동이었습니다. 손수건을 접고, 꼬고, 고무줄로 꽁꽁 묶으면서 '과연 어떤 무늬가 나올까?' 하고 친구들과 이야기를 나누며 상상하는 시간이 즐거웠습니다. 염색액에 손수건을 담그고 기다리면서도 결과가 너무 궁금해서 마음이 두근두근 뛰었습니다. 염색을 마친 후 고무줄을 풀어내니, 예상하지 못했던 신기한 무늬가 나타났습니다. 마치 의도하지 않았는데도, 우연히 예술 작품을 얻은 기분이었습니다. "우와!" 하고 탄성이 절로 나왔고, 친구들도 서로의 손수건을 보여주며 "너무 예쁘다", "내 건 물결처럼 퍼져 있어"라며 즐겁게 웃었습니다. 염색을 마치고 나니 손끝과 손톱이 분홍빛으로 물들어 있었는데, 그것마저도 재미있는 추억이 되었습니다.

다음으로는 한지 공예 시간이 있었습니다. 이번에는 휴지케이스, 서랍을 만드는 활동이었는데, 한지를 직접 붙이고, 작은 조각들을 잘라 꾸미는 과정이 생각보다 세심한 집중력을 필요로 했습니다. 그냥 종이만 붙이면 될 줄 알았는데, 한지의 질감과 두께가 달라서 조금만 힘을 줘도 찢어지기도 하고, 원하는 모양으로 자르려면 꼼꼼하게 손질해야 했습니다. 하지만 한지를 한 장 한 장 붙여가며 서랍의 형태가 점점 완성되어가는 걸 보니 신기하고 뿌듯했습니다.

특히 놀라웠던 건 풀이었습니다. 우리가 평소에 사용하는 화학풀과는 전혀 달랐습니다. 선생님께서 가져오신 풀은 밀가루를 끓여 만든 전통 풀이라고 하셨습니다. 처음에는 '밀가루로 풀이 만들어진다고?' 하고 의아했는데, 막상 사용해보니 한지에 아주 잘 붙고, 냄새도 자극적이지 않아 신기했습니다. 자연에서 얻은 재료로 무언가를 만든다는 것이 마치 옛날 사람들의 지혜를 엿보는 듯했습니다.

이렇게 두 가지 활동을 하면서 나는 단순히 기술을 배우는 것에 그치지 않고, 전통문화가 가진 특별함을 느낄 수 있었습니다. 학교 교실이 아니라 마을 주민자치센터에서, 또 '마을학교'라는 공간에서 새로운 선생님과 함께 배우니 분위기가 훨씬 자유롭고 따뜻했습니다. 친구들과 함께 웃고 떠들며 서로의 작품을 구경하는 순간, 배움은 꼭 책상 위에서만 이루어지는 것이 아니라는 걸 깨달았습니다.

이번 체험을 통해 나는 "마을이 곧 학교가 될 수 있다"는 말을 실감했습니다. 익숙하지 않은 공간에서 새로운 것을 배우는 경험은 나를 더욱 성장하게 해주었고, 앞으로도 이런 배움의 기회가 계속 이어지기를 바랍니다. 손수건에 남은 무늬와 한지로 만든 서랍장은 시간이 지나도 내 방 한 켠에서 그때의 즐거움과 배움의 순간을 오래 기억하게 해줄 것 같습니다.

짧은 시간이었지만, 전통문화의 아름다움과 함께 배우는 즐거움을 느꼈습니다. 이 소중한 경험은 내 마음속에서 반짝이는 별처럼 오래 빛날 것 같습니다.

부모님이 선생님이 된 날

남건희

(2학년)

　나는 이번 인지 별별 상상 마을 학교활동에서 아주 특별한 경험을 했습니다. 바로 수업을 진행해주신 마을 선생님이 다름 아닌 저희 부모님이었기 때문입니다. 평소에는 집에서 늘 함께 지내는 부모님이었는데, 이번에는 선생님으로서 저와 친구들 앞에 서 계셨습니다. 처음에는 조금 민망하기도 했고, 어색하기도 했지만 시간이 지나면서 내 마음속에는 새로움과 존경심이 차곡차곡 쌓여갔습니다.

　수업이 시작되었을 때 나는 속으로 '부모님이 친구들 앞에서 선생님처럼 말씀하실 때 내가 어떻게 해야 하지?'라는 고민을 잠깐 했습니다. 혹시 친구들이 놀리지는 않을까, 괜히 더 긴장되기도 했습니다. 하지만 막상 부모님이 수업을 진행하시는 모습을 보니 그런 걱정은 금세 사라졌습니다. 집에서 보던 익숙한 부모님의 모습이 아니라, 수업을 이끌고 설명을 차분히 해주시는 진지한 선생님의 모습이었기 때문입니다. 그 순간 나는 "내 부모님이 이렇게 멋진 분이었구나" 하고 새삼 느꼈습니다.

　수업 중에는 친구들이 질문을 하기도 하고, 어려워하는 부분도 있었는

데 부모님은 하나하나 친절하게 답해주셨습니다. 내가 평소 집에서 받던 설명이나 잔소리와는 달랐습니다. 수업을 듣는 모든 아이들이 이해할 수 있도록 조심스럽게 설명해주시는 모습에서 선생님으로서의 책임감이 느껴졌습니다. 그 모습을 지켜보면서 부모님을 단순히 '가족'으로만 보았던 시선이 조금은 바뀌었습니다.

 수업이 끝난 후 친구들이 부모님께 "선생님, 감사합니다", "오늘 수업 재미있었어요"라고 인사하는 모습을 보았습니다. 그때 내 마음은 참 묘

했습니다. 늘 집에서는 당연하게 함께 있는 부모님이었는데, 다른 사람들에게는 '선생님'으로 존중받는 모습이 낯설기도 하고 자랑스럽기도 했습니다. 마치 부모님의 또 다른 얼굴을 발견한 것 같았습니다.

이 경험은 나에게 아주 소중한 깨달음을 주었습니다. 매일 집에서 마주하는 부모님이라고 해서 모든 것을 다 알고 있는 것이 아니었습니다. 집에서는 알 수 없었던, 새로운 모습이 있다는 사실을 직접 확인하게 된 것입니다. 그동안은 그냥 평범한 엄마, 아빠로만 생각했는데, 이번에는 누군가를 가르치고 이끌어가는 선생님으로서의 부모님을 보며 마음속 깊이 존경심이 생겼습니다.

사실 처음에는 약간 부끄럽기도 했습니다. 하지만 시간이 지나면서 점점 그 부끄러움보다 감사함과 기쁨을 더 크게 느꼈습니다. 부모님이 선생님으로서 앞에 서 계셨다는 사실 자체가 내게는 아주 특별한 추억이 되었습니다. 그리고 앞으로도 부모님을 단순히 집안일만 하시는 분, 늘 옆에 있는 분으로만 바라보지 않고, 새로운 모습과 능력을 가진 분으로 더 존중하고 싶다는 생각이 들었습니다.

  이번 경험을 통해 나는 '가까이에 있는 것일수록 소중함을 잘 느끼지 못한다'는 말이 떠올랐습니다. 매일 곁에 계셔서 당연하게만 여겼던 부모님이 사실은 이렇게 멋지고 특별한 분이라는 것을 다시 한 번 깨달았습니다. 앞으로는 집에서든 어디서든 부모님을 더욱 존경하는 마음으로 바라볼 수 있을 것 같습니다.

  짧은 수업 시간이었지만, 내 마음에는 아주 큰 울림을 남겨주었습니다. 부모님이 선생님으로 서 계시는 모습은 아마 평생 잊지 못할 것 같습니다.

3박4일 수학여행 이야기

강예린

(3학년)

　슬슬 선선해지기 시작하던 9월 초, 우리는 상하이로 수학여행을 다녀왔다. 한 달 전부터 기다리던 수학여행이기에 일주일 전부터 교실이 매일 수학여행 얘기로 떠들썩했다. 수업 시간마다 상하이 날씨는 어떤지, 비행기 좌석은 누구랑 앉는지 질문이 끊이질 않았다. 지역사회와 학교에서 많은 지원을 받고 떠날 수 있었기에 많은 친구들이 참여할 수 있어 너무 기쁜 마음이었다. 설레는 마음으로 짐을 싸고, 기대되는 마음에 잠도 오지 않았던 전날 밤, 그리고 이른 새벽에 일어나 바쁘게 친구들과 연락했던 아침은 참 새로웠다. 우리는 학교에 오기는커녕 일어난 적도 없던 시간에 인천 공항으로 출발했다.

　처음 가보는 중국, 처음 친구들과 가는 공항, 처음 친구들과 나가는 해외 여행. 온통 처음 해 보는 것들이었다. 일찍 일어난 탓에 잠만 잘 줄 알았던 버스에서도 얘기가 끊이질 않았다. 몇 시간 뒤면 상하이에 있을 거라는 사실이 믿기지 않았고, 심지어 공항에 도착했을 때도 현실감이 들지 않았다. 그렇게 우리는 비행기에 탔고 마침내 상하이로 가는 비행기가 이

류했다.

    상하이에 도착해 버스를 타러 나오자마자 든 생각은 '덥다'였다. 조금씩 시원해지던 한국과 다르게 후덥지근한 공기가 우릴 반겼다. 창밖 구경을 하다 보니 식당에 도착해 있었다. "중식으로 중식이 나온다"는 개그를 쳤던 게 기억난다. 향신료가 입에 안 맞지는 않을까? 하고 걱정했던 게 무색하게 밥이 너무 맛있었다. 10미터는 훌쩍 넘을 법한 원형 식탁을 돌려가며 다 같이 나눠 먹는 것도 신기했다.

    밥을 먹고 나니 수학여행을 왔다는 게 실감이 났다. 이곳저곳을 돌아다니다 숙소에 도착해 시간을 확인하니, 10시가 넘어 있었다. 숙소에서 밤을 새며 수학여행을 제대로 즐기려 했던 계획은 피곤함에 묻혀 날아가고 말았다. 씻자마자 뭘 하지도 못하고 침대에 누워버렸다.

    2일차도 걷고 걷고 또 걸었다. 배를 타며 거리를 구경했고, 엄청나게 큰 정원도 둘러봤고, 훠궈도 마음껏 먹었다. 구경하고 사진 찍고 간식을 먹으면 시간은 후딱 지나갔다. 저게 가능한 일인가? 하는 생각만 들었던 서커스와 처음 보는 신기한 과자가 많았던 마트 쇼핑은 정말 즐거운 시간이었다.

    3일차에는 디즈니랜드로 향했다. 아마 친구들이 가장 기대했던 날이었던 것 같다. 디즈니랜드는 생각보다 더 예뻤고 신기했고 넓었다. 엄청나게. 날이 좋았던 탓에 걷기만 하면 땀이 났다. 더위를 참으며 놀이기구를 타고 구경하다 보니 좀 선선해졌다. 디즈니랜드 중간에 서서 존재감을 뽐내던 성은 오전에도 오후에도 노을이 질 때에도 해가 지고 성에 불이 들어올 때에도 예뻤다. 성을 지나갈 때면 다 같이 핸드폰을 꺼내 사진을 찍었다. 밤에 불꽃놀이는 사람이 너무 많아 잘 안 보였는데도 예뻤다. 디즈

니 성 위로 폭죽 하나가 원을 그리며 날아갈 때는 멍하니 바라볼 수밖에 없었다.

그렇게 놀다 보니 어느새 한국으로 돌아가는 날이 되었다. 버스를 타고 지날 때 가끔 보였던 동방명주를 들렀다. 멀리서 봤을 땐 그리 높아 보이지 않았는데 엘리베이터를 타니 귀가 아플 정도로 먹먹했다. 전망대에서 바라본 상하이는 걸어다니며 본 것과는 사뭇 달랐다. 상하이에서의 3박 4일. 짧다면 짧고, 길다면 긴 시간이었지만 친구들과 선생님과 함께 보낸 시간은 내게 큰 추억이 되었다.

한국으로 돌아가는 비행기를 타니 많은 생각이 들었다. 푸동 공항에 내려 중국 공기를 느끼던 때가 어제 같은데, 벌써 한국으로 돌아가다니. 이리저리 둘러보느라 시간이 가는 줄 몰랐나 보다. 수학여행은 어떨 땐 좀 불편했고 어떨 땐 너무 재밌었다. 새로웠던 중국의 문화와 풍경을 체험할 수 있었던 경험이었다. 더웠던 날씨 탓인지 평소보다 사소한 일에 짜증이 났다가도 구경하다 보면 어느새 다 풀려 있었다. 그 기억들이 모두 모여 앞으로도 계속 떠올릴 수 있는 소중한 추억이 되기를 바란다. 꿈만 같았던 상하이에서의 수학여행은 끝났지만, 마음속에는 아직도 상하이의 풍경이 그려진다. 이번 여행에서 배운 것들을 생각하며 더 넓은 세상을 만나고 싶다.

하이! 상하이!

이민서

(3학년)

　중학교 3학년의 꽃이라던 수학여행을 지지난주에 3박 4일동안 다녀왔다. 벌써 우리가 수학여행을 다녀올 나이가 됐다는 것에 한번 놀라고 지나온 시간이 우리의 추억속으로만 지나가는 것에 한번 더 충격을 느꼈다. 나이가 한 살 한 살 먹어갈수록 시간이 빠르다는 걸 뼈저리게 느끼는 중이다. 지난 3년간의 우리 학교에서는 많은 활동과 배움이 있었던 것 같은데 되돌아보면 가장 큰 행사이고 학교 밖을 벗어나 무언가를 배울 수 있는 큰 행사인 것 같았다.

　작년에 선배들이 일본으로 수학여행을 갔기 때문에 우리도 당연히 일본에 갈 줄 알았지만 우리는 중국에 가게 되었다. 솔직히 조금 아쉽고 걱정이 되었다. 그러나 중국 상하이에 갔다온 뒤 난 오히려 더 재밌고 뜻깊은 여행이었다고 생각한다. 일단 배움의 차원에서 중국이라는 나라를 더 알게 된 부분이 있었고, 새로운 시각을 가지게 된 것 같았다.

　우리나라에 대한 역사적인 공간, 배경 등이 많았기도 하고 중국 상하이가 상업 도시인지라 볼 거리가 더 많기도 한 것 같다. 중국 상하이 수학여

행에서 가장 기대했고 기대했던 만큼 기억에 남는 곳은 디즈니랜드이다. 처음 도착했을 땐 너무 더워 걱정되고 힘들었는데 나중엔 그 더위마저 잊을 정도로 너무 즐겁게 놀았다. 특히 디즈니랜드는 놀이기구도 재밌었지만 잔잔한 배를 타면서 디즈니 공주들을 보거나, 디즈니랜드 거리를 돌아다니며 구경하는 것이 흥미롭고 재밌었다.

 음식 얘기가 빠지면 섭할 정도로 디즈니랜드는 음식 맛집인 것 같다. 음식 퀄리티, 디자인, 맛 등등이 너무 맛있고 귀여웠다. 먹는 내내 사진찍으며 아까워하던 때가 생각이 난다. 디즈니랜드에서의 마지막 하이라이트인 불꽃퍼레이드는 진짜 입이 다물어지지 않을 정도였다. 처음엔 사람이 너무 많아 앉을 자리도 없고, 서서 봐야 해서 다리도 아프고 그냥 보지말까 포기하려고도 했지만 그런 생각을 했던 것을 후회할 정도로 입이 다물어지지 않았던 공연이었다.

중국 여행을 걱정했던 이유 중 하나는 바로 음식이었다. 밥이 중요했던 나는 그것이 큰 걱정이었지만 예상외로 너무 맛있는 음식들이 나와 모든 식사를 맛있게 먹었다. 현지식이 나왔을때도 중국 특유의 느끼함과 심한 향신료가 느껴지지 않아 마치 한국에서 먹는 음식과도 같이 잘 먹었다. 한국인으로서 잊지 못한 음식은 뭐니뭐니해도 삼겹살과 김치찌개인 것 같다. 상하이까지 와서 이렇게 맛있는 한식 맛집을 찾을 거라곤 상상도 못했는데 진심 맛있었고 친한 친구들끼리 외국으로 여행 와서 한식을 먹으니 더욱 맛있게 느껴졌다. 누구신진 몰라도 우리들 입맛에 잘 맞춰서 선정해주신 것 같아 감사한 마음이 들었다.

호텔에 도착한 뒤 다들 피곤해 하는 중에도 우리는 밤에 친구들과 함께 이야기 꽃을 피웠다. 서로의 비밀들을 하나씩 하나씩 꺼내놓으니 웃음이 끊이질 않았다. 평소 친하게 지내지 않은 친구들과도 함께 시간을 보내니 자연스레 가까워진 느낌이었다. 밤새 얘기를 하고 싶었지만 그곳은 중국이기도 했고 다음 날 일정이 걱정이 되어 우리는 각자 방으로 갔다. 이 또한 수학여행의 즐거운 추억이 되었다.

만약 수학여행으로 중국 상하이나 일본 여행 중 하나를 골라야 한다면 지금은 중국 상하이로 선택할 것이다. 이번 여행은 너무 값지고 소중한 여행이었다. 지난 초등학생때부터 지금까지, 또는 더 어렸을때부터 만나왔던 친구들과 함께 할 수 있는 마지막 여행을 보내어 정말 기쁘고 뜻깊었다.

 이 여행을 힘입어 앞으로 맞이할 고등학교 생활을 기대하고 잘 이겨내길 바란다.

혁신, 성장과 함께한 10년

2025년 11월 26일 초판 1쇄 발행

지은이　인지중학교 교육가족
펴낸곳　도서출판 심지
등　록　제 2003-000014호
주　소　34570 대전광역시 동구 대전천북로 12
전　화　042 635 9942
팩　스　042 635 9941
전자우편　simji42@hanmail.net

ISBN 978-89-6627-276-1　03810

* 저자와의 협의에 의해 인지를 생략합니다.
* 이 책은 2025 충청남도교육청 혁신학교 10년 기록물 지원 사업으로
　발간된 책으로, 판매 수익금 전액 해당교 학교 발전 기금으로 사용됩니다.